COMME
DE LONGS ÉCHOS

DU MÊME AUTEUR
CHEZ POCKET

CARRIÈRES NOIRES
LE CIMETIÈRE DES CHIMÈRES
DES FORÊTS ET DES ÂMES
AUX VENTS MAUVAIS
COMME DE LONGS ÉCHOS

ELENA PIACENTINI

COMME DE LONGS ÉCHOS

fleuvenoir

Pocket, une marque d'Univers Poche,
est un éditeur qui s'engage pour la préservation
de l'environnement et qui utilise du papier fabriqué
à partir de bois provenant de forêts gérées
de manière responsable.

ISBN : 978-2-266-29305-1
Dépôt légal : août 2019

« Comme de longs échos qui de loin se confondent
Dans une ténébreuse et profonde unité,
Vaste comme la nuit et comme la clarté,
Les parfums, les couleurs et les sons se répondent. »

Charles Baudelaire

« Les yeux voient seulement ce que l'esprit est préparé à comprendre. »

Henri Bergson

LUI

J'ai fait mon premier rêve de trésor à l'âge de 7 ans. Une expérience si « totale » et si « vraie » que mes perceptions en furent chamboulées. Au réveil, la réalité m'est apparue comme une fiction insipide, un pis-aller. Mon existence n'a été qu'une lente initiation. Une prédestination à l'envers. L'étrangeté de mon caractère prenait racine très loin en arrière.

Mais cela, je ne le compris que bien plus tard.

Les bons jours, ma mère me disait « baroque ». La plupart du temps, elle me qualifiait de « spécial ». S'ensuivait un long silence dont j'ignorais s'il couvait un doux présage ou l'augure d'une malédiction. J'ai encore la sensation du regard de mon père posé sur moi, figé dans un questionnement inquiet. Très tôt, j'ai éprouvé le sentiment de mon excentricité.

Je leur suis redevable de ça.

Y a-t-il eu de l'amour ? De leur part, sans aucun doute. L'ennui, c'est que j'étais hermétique à ces marques d'attention que l'on nomme « affection ». Comme toi, ma douce, mon âme, je portais en moi cette faculté de distanciation dont j'ai supposé qu'elle était le lot de chacun. J'étais un guetteur curieux et un contemplatif concentré.

Pour autant, les effusions et les emballements que j'observais autour de moi me demeuraient étrangers. Ma sensibilité réagissait à d'autres stimuli. La mousse rosissant d'un nuage au couchant pouvait me mettre dans un état proche de la transe. Les baisers de maman glissaient sur ma joue, aussi vains et volatils qu'une goutte de rosée.

J'étais dans ma famille comme un voyageur dans un hôtel de longue escale, apprivoisant ses repères spatiaux, aimable avec le personnel, mais isolé des choses et des êtres par les ailleurs qui sont les semelles de sa vie, le sable de ses pensées.

Avec la conscience de ma différence, s'est imposée la nécessité de paraître semblable.

En ce domaine, j'ai développé des compétences d'expert en *close-up*. Ce que j'étais incapable de produire de manière innée, je le fabriquais par mimétisme, avec cette touche créative qui tient du génie de l'illusion. Ainsi ai-je réussi à donner le change sans que cela me coûte d'effort. Avec le temps, j'y ai même pris du plaisir. Le jour, j'endossais les multiples rôles auxquels nous contraint le frottement avec ces autres dont j'avais pris le déguisement.

Les nuits étaient toutes miennes et j'étais à la nuit.

Mes songes, j'en étais convaincu, me disaient « quelque chose ». J'y cueillais des clés d'or sans savoir dans quelles serrures les insérer ni quelles portes elles ouvriraient.

Durant mes heures de veille, je traquais les correspondances.

J'errais, l'esprit en transit et les pieds fourmillants d'espoirs de destinations, attendant que se révèle à moi le sens de ces paraboles oniriques.

J'avais un but.

Qu'il se refuse à moi n'a jamais entamé ma foi.

Je m'imaginais en quête d'une aventure, de mystères interdits au commun des mortels. Enfant, j'ai cru à une cité légendaire regorgeant de richesses, une Atlantide, un El Dorado.

C'était vrai et faux à la fois.

À la seconde où je t'ai reconnue, le passage tant désiré s'est ouvert.

Ce trésor, mon amour, c'était toi.

1

Lille, cité Franchomme, lundi

En sortant de la voiture, la première politesse de Vincent Dussart est pour son reflet dans la vitrine du Marché U. En quelques gestes élégants, il se lisse les tempes et réajuste son nœud de cravate. Tête penchée, il évalue son apparence. Dans ce costume noir à la coupe ajustée – le choix de la couleur ne doit rien au hasard –, l'homme dans la quarantaine a belle allure. C'est l'avis de la rousse figée sur le seuil de l'agence immobilière qui l'observe avec la gourmandise d'une lionne en chasse. Dans un réflexe inconscient de séduction, la mateuse s'humecte les babines et souffle la fumée de sa cigarette vers l'objet de sa convoitise. S'il a capté le signal, Vincent Dussart n'en laisse rien deviner. Déjà, il se remet en mouvement. Son déplacement est fluide, sa sacoche en cuir oscille sans à-coups. Par instants, on le croirait affranchi des lois de la gravité. Une perception toute subjective. L'assurance et la détermination sont seules responsables de cette illusion.

Vincent Dussart a un but. Ses lèvres, sans relâche, forment les prénoms de Chloé et Quentin. Ce mantra interpelle la vieille qu'il dépasse en lui adressant un sourire affable. Elle n'y a pas été sensible. La main tétanisée sur la poignée de son caddie, elle s'est immobilisée, perdue. Quelque chose chez cet homme, une attitude, son parfum, a fait éclore des souvenirs. De ceux que l'on préférerait enterrer. Le temps d'un frisson, la femme aux commissions a oublié ce qu'elle faisait, plantée sur le macadam, le visage de l'homme qu'elle vient de croiser, la cause précise de son malaise.

La mémoire est si fragile.

Vincent Dussart, lui, poursuit son chemin. Après la rue du Buisson, il bifurque à gauche vers la cité Franchomme où sa femme Chloé occupe la première maison d'une enclave privative. Il y a un peu plus d'un mois, Chloé a pris la décision de s'y installer le temps de réfléchir à leur avenir commun. Vincent n'a pas essayé de l'en dissuader. Sur le pas de la porte, au moment de lui dire au revoir, il s'est contenté d'un geste d'amoureux timide. Un attouchement à la naissance du cou, où les veines de Chloé affleurent en délicates arabesques. Dans ce furtif peau à peau, qu'il ait perçu ou non le trouble de sa femme, Vincent n'a pas forcé son avantage.

Tout est question de timing.

Dans la poche intérieure de sa veste, Vincent a glissé deux réservations pour une escapade londonienne. Hôtel de luxe avec vue sur Buckingham Palace, balade en calèche à Richmond Park, passe pour l'exposition des cités englouties de l'Égypte au British Museum… Il a orchestré chaque étape de ce séjour comme il prépare ses réunions stratégiques : rien n'a été laissé au hasard.

Vincent franchit la grille du jardinet et s'engage dans l'allée. Il a la politesse d'enfoncer deux fois de suite le bouton de la sonnette mais pas la patience d'attendre qu'on vienne l'accueillir. Il entre. Le chat tigré de sa femme déboule de l'étage et se frotte à son pantalon en lançant des miaulements plaintifs. D'un mouvement du pied, Vincent le fait dégager.

2

Lille, Direction interrégionale de la police judiciaire

Sylvie Muller fait rouler le gobelet entre ses mains et gonfle ses joues avec de petits effets qui lui donnent l'air d'un hamster en train de chiquer. Le flic appuyé à la machine à café s'amuse de l'embarras que sa remarque a provoqué chez la toute jeune brigadière.

— T'as le droit de garder le silence, va. Sénéchal, je sais à quoi m'en tenir. À côté d'elle, Poutine c'est un comique. Si tu veux un conseil, le jour où tu la verras sourire, planque ton cul.

Toute à ses pensées, Muller frotte les semelles de ses chaussures l'une contre l'autre. En acceptant sa mutation à Lille dans le groupe du commandant Lazaret, elle ne s'attendait pas à un accueil aussi glacial de la part de son adjointe, le capitaine Mathilde Sénéchal. Ses approches pour entrer en relation avec elle se sont soldées par des échecs. Le seul retour personnalisé qu'elle a obtenu date de l'avant-veille, au stand de tir. « T'as intérêt à améliorer ton score,

Sylvie, sans quoi tu seras un fardeau et un danger en intervention. »

— C'est vrai que j'ai pas assuré, admet Muller. Et puis elle a peut-être des soucis…

— Tss ! Sénéchal est comme ça tout le temps et avec tout le monde. La reine des neiges, je te dis ! Y a qu'avec Lazaret qu'elle est un peu moins revêche. Te la mets pas à dos, hein ! Parce que Sénéchal et Lazaret… (L'homme joint l'index et le majeur pile sous le nez de Muller.) Ce serait pas bon pour ton avancement, tu saisis ?

Muller tend le paquet de gâteaux à la technicienne de la Scientifique qui a suivi la discussion sans intervenir.

— Et toi, Sénéchal, tu en penses quoi ? Je dois faire comment ?

La technicienne décoche une pichenette sur l'épaule de son collègue masculin.

— Si tu es aussi remonté contre Sénéchal, ce serait pas parce que tu t'es pris un râteau avec elle et qu'elle plisse le nez chaque fois qu'elle te croise ?

Ignorant l'œillade assassine de son collègue, la technicienne s'adresse à Muller sur le ton de la confidence.

— Prends pas tout pour argent comptant, Sylvie. Sénéchal, c'est pas un Bisounours mais elle est juste. Et c'est une sacrée… Sylvie, houhou ?

Le regard bleu de Muller est rivé sur la silhouette de son chef de groupe qui se tient immobile à l'entrée de la salle de pause. Elle se demande depuis combien de temps le commandant Albert Lazaret est là et ce qu'il a surpris de leurs échanges.

— Sylvie, va retrouver Dédé et Franck. Je file. Possible qu'on ait une sale affaire sur les bras et… vous attendez mes instructions, compris ?

3

Lille, cité Franchomme

Vincent Dussart ressasse la même bande-son, bloqué sur une scène qui tourne en boucle et qu'il est seul à visionner. « Rien. Personne… La chambre, vide ! La chambre, Chloé, le sang… Le sang, Quentin ! » Ses muscles galvanisés sont traversés d'impulsions violentes et désordonnées. Après plusieurs tentatives infructueuses, le médecin pompier est contraint de le ceinturer pour réussir à le faire asseoir sur le muret du jardin. Deux secouristes apparaissent sur le seuil de la maison et secouent la tête avec la mine de ceux qui ont rencontré la mort. Le médecin accuse réception et agite les doigts devant les yeux hagards de son patient, le seul auquel il puisse encore venir en aide.

— La police est en route. Tâchez de respirer à fond et…

— Chloé, le sang, tout ce sang !

La main de Vincent Dussart, animée d'une volonté autonome, saisit l'avant-bras du médecin et la serre dans son étau.

— Dites-moi qu'elle n'est pas morte, articule-t-il d'une voix qui se casse dans un cri.

La question n'appelle plus de réponse. Avec sollicitude, le médecin enlace les épaules glacées et secouées de hoquets. Contre sa poitrine, il perçoit les ruades du déni et les percussions d'un cœur qui s'emballe. Un de ses collègues lui tend une couverture de survie et en profite pour lui glisser quelques mots à l'oreille. La surprise et l'incompréhension figent les traits du médecin.

— Monsieur ? Vous m'entendez, monsieur ? La police est en route, mais… Vous avez dit Quentin, qui est Quentin ? Nous n'avons pas…

— Je suis entré, j'ai appelé, l'interrompt Dussart d'une voix d'automate. Combien de fois je lui ai répété de verrouiller cette satanée porte d'entrée… Je suis monté à l'étage, personne ne m'a répondu. J'ai été dans la chambre de Quentin. Son petit lit était vide. Chloé l'endort souvent contre sa poitrine. Je lui ai dit qu'elle lui donnait de mauvaises habitudes. Je suis allé dans la chambre de Chloé…

Le regard de Vincent Dussart se rallume, sa voix se raffermit. Il paraît soudain plus grand.

— Quentin est mon fils. On a assassiné ma femme et on m'a pris mon fils.

4

Lille, DIPJ

Un rien amusé, Lazaret observe Muller en train de galoper vers les bureaux, tête basse. À sa place et pris sur le fait, il aurait été pressé de déguerpir. Le « flic qui s'est pris un râteau » apparaît à son tour en bafouillant un bonjour auquel il répond d'un froncement de sourcils. L'homme marque un temps d'arrêt, semble sur le point de dire quelque chose. Puis il croise le regard de l'officier sénior et passe son chemin sans demander son reste.

À un an de la retraite, le commandant Albert Lazaret porte ses années de service sur son visage. On peut en lire le rude passage aux sillons en forme de parenthèses autour de sa bouche et à son teint gris, brouillé par une consommation excessive de cigarettes. D'ailleurs, à peine a-t-il poussé la porte des escaliers menant au parking qu'il en glisse une entre ses lèvres fines. Avant de monter en voiture, il sort son téléphone et son briquet, allume sa clope avec un plaisir évident, et rédige un message. « J'espère ne pas te réveiller… Je vais avoir besoin de toi. Désolé. Albert. »

Il jette le téléphone sur le siège passager et se plie dans un grognement pour s'installer au volant. Dans un nuage de fumée, il lâche un « connard » et met le contact. Lazaret en est conscient, le style et le parcours de son adjointe suscitent bien des réactions, à l'exception d'une seule, l'indifférence.

Efficace, redoutable, inflexible, impatiente… La plupart du temps, ce qu'il se dit sur elle est vrai. Et faux. Ce n'est pas la vérité tout entière. Lazaret aurait pu ajouter que les sourires de Mathilde, parce qu'elle les deale au compte-gouttes, sont une came des plus pures. Que « la reine des neiges » abrite des terreurs et des sanglots d'enfant. Que derrière les palissades qu'elle a clouées, s'étend une terra incognita dont elle est la première à ignorer les frontières. Lazaret a préféré se taire, il est pourtant le seul homme qui aurait pu dire cela : le capitaine Mathilde Sénéchal n'est qu'une projection, une copie inodore de l'original.

5

Lille, quartier de Wazemmes

Ses mollets roulent et se tendent sous l'effort. Ses cheveux lui battent le visage, jetés en gerbes d'algues brunes par un vent qui tantôt cisaille son élan, tantôt la ballotte dans un roulis irrégulier. Aussi brave qu'un moussaillon en haute mer, elle lance ses jambes à l'assaut de la route. Aller vers, s'éloigner de, elle ignore lequel de ces deux mouvements l'anime. Avec une application rageuse, elle imprime sa force enfantine et tangue sur le pédalier. Ses doigts sont soudés au guidon. La tension musculaire creuse son sillon acide depuis l'arrière de ses chevilles jusqu'aux fesses. La perception qu'elle a de son corps se résume à ces stimuli douloureux. Elle file face à son cap, fendant l'air saturé de relents d'humidité et de menthe mêlées qui s'insinuent, suffocants, dans ses narines et chacun de ses pores. À mesure qu'elle progresse, l'odeur se fait plus épaisse et prend une consistance visqueuse qui la laisse au bord de la nausée. Une vague à l'écume solide dont la mousse d'un vert vif la pénètre jusqu'à lui dilater tripes et poumons. Si elle pouvait seulement parvenir jusqu'au pont, le dépasser peut-être… Qui sait si elle ne trouverait pas enfin sa délivrance ? À peine l'avant de sa roue a-t-il mordu le bois que le pont cède et se disloque, pan par pan, dans un jeu de dominos fatal. Elle bascule, chute. Son estomac lui carambole le cœur et fait exploser sa poitrine dans un long hurlement. Ses paupières s'ouvrent sur des pupilles fixes et dilatées.

Un à un, ses doigts se meuvent avec la prudence d'une araignée en terrain hostile. Elle ausculte ses jambes, intactes. Puis l'endroit où elle vient d'atterrir, doux et moelleux. Sa vision s'accommode, elle risque un coup d'œil circulaire, expulse un paquet d'air, renifle une atmosphère familière. Teint blême et ciré, gorge sèche, naufragée sur un lit dévasté, Mathilde Sénéchal met quelques minutes à se convaincre qu'elle a zappé du rêve à la réalité. Quatre temps pour inspirer. Quatre pour bloquer sa respiration poumons pleins. Quatre pour expirer. Quatre temps à vide. Et elle recommence. Jusqu'à faire baisser son rythme cardiaque et vidanger la panique qui la scotche encore au matelas. Tandis qu'elle se soumet à cette discipline, une tiédeur liquide inonde ses joues exsangues. Nue et vulnérable, Mathilde Sénéchal grelotte et pleure dans l'obscurité de sa chambre. Elle chiale une fureur silencieuse dirigée contre elle seule. *Non mais, regarde-toi ! Pauvre petite chose... Tu es pathétique !*

De la fillette qu'elle fut et dont les cauchemars lui renvoient l'écho avec la régularité des marées, Mathilde a perdu les rondeurs. Sauf parfois un vestige, quand elle rit, événement rare et fugace. Son corps filiforme est ciselé par ces courses auxquelles son inconscient la condamne deux à trois fois par semaine, sans qu'elle sache à quelle faute ou tare originelle elle doit cette punition.

Mathilde se redresse avec lenteur. Encore groggy, elle ébouriffe ses cheveux bruns coupés à la garçonne pour achever de vérifier qu'elle est bien éveillée, qu'on est maintenant, qu'elle est cette femme rationnelle de 38 ans et plus la gamine « pathétique » engagée dans ce road-movie à bicyclette sans queue ni tête. Dans un geste conditionné par l'habitude, son index masse la cicatrice qui zigzague sur son lobe temporal. Sous les boursouflures, Mathilde sent sourdre une énergie. Comme si un insecte lui fourrageait l'intérieur du crâne pour se frayer une voie vers le jour. Une bête ou une chose qu'elle ne peut écraser et qu'il lui faut endormir coûte que coûte. *Quatre, quatre, quatre, quatre. Continue. Fais le vide. Tu sais quoi faire, ça va passer...*

Elle pose un pied par terre, se baisse pour soulever sa couette et tâtonne à la recherche de ses habits. Elle enfile un vieux jogging, essuie ses larmes d'un geste brusque, presque une gifle, et lit l'heure sur l'écran de son portable en tordant les lèvres. *Pour remettre les compteurs à zéro, tu aurais eu besoin de dormir encore deux jours... Merde, Mathilde, arrête de geindre et bouge !*

Dans la salle de bains, elle se passe la figure sous l'eau froide, mouille un gant et se tamponne la nuque et l'intérieur des poignets. Un rituel aussi ancien que ses mauvais rêves. Elle descend au rez-de-chaussée en silence. L'agencement clinique de la pièce principale l'apaise. Dans cet environnement épuré, le seul objet sans fonction précise est le dessin au fusain d'un paysage de campagne, reliquat d'une enfance dont elle n'a conservé que peu de souvenirs. Le saule pleureur au premier plan en fait partie. Sous le tablier de branches ployées, elle avait aménagé son château de gosse. Mathilde suppose qu'elle s'y sentait en paix. Un état interne qu'elle s'applique à réactiver en entamant une première série de mouvements lents de taï-chi-chuan. Elle cherche ses points d'équilibre et d'ancrage, travaille la justesse de ses placements, se concentre sur la fluidité de ses enchaînements. Deuxième série. Troisième série. Puis elle accélère le rythme. Sa peau luit à présent d'une sueur à l'odeur blanche, désintoxiquée de ses terreurs nocturnes. Dans un dernier étirement, les yeux mi-clos, Mathilde s'en enivre.

D'un pas délié, elle regagne l'étage, se glisse sous un jet d'eau brûlante et se frictionne avec une vigueur neuve avant de couper l'arrivée d'eau chaude. Immobile et stoïque, la jeune femme teste l'obéissance de ses muscles sous la morsure glacée, reprend possession de son corps. C'est à chaque fois une renaissance et une victoire, l'une et l'autre aussi précieuses que précaires. *Et puis après ? Concentre-toi sur l'instant. De toute façon, rien ne dure...*

Elle est en train de se sécher quand les bips répétés de son téléphone la reconnectent au monde extérieur. L'esquisse d'un sourire flotte sur ses lèvres tandis qu'elle prend connaissance du message de son chef de groupe et y répond « j'arrive ». Elle a déjà fait le deuil de sa journée de récupération. Si Albert la réclame, c'est important et urgent. Le travail constitue la meilleure des thérapies et la pièce maîtresse de son armure. Affronter des adversaires de chair et de sang est une répétition du corps-à-corps permanent engagé contre ses ennemis intérieurs. Les défaillances de Mathilde n'ont d'égale que son énergie à les vaincre. Elle n'est pas femme à hisser le drapeau blanc, même dans la débâcle. *Allez, on s'active !*

En deux coups de brosse, elle mate ses épis rebelles et défie son image dans le miroir. Celle d'un visage racé, pommettes saillantes et menton volontaire, dont les cernes accentuent l'éclat métallique du regard. Mathilde ne songe pas à dissimuler les traces de fatigue, pas plus qu'elle ne prend la peine de farder ses yeux. La femme à la dureté presque androgyne qui lui fait face a mis ses peurs aux arrêts. Aux impudents qui se hasardent à franchir ses barricades sans sauf-conduit, elle réserve la douche froide. Les jeux de séduction sont aux antipodes de l'impératif qui la guide : se protéger d'elle-même, des autres. Les amants qui traversent sa vie sont des passe-temps, ils n'ont eu droit qu'à des parenthèses expurgées d'ombres. Un seul homme connaît la profondeur de la nuit de Mathilde et le gris de ses aubes.

Elle saisit son jean de la veille, rafle le premier pull sur la pile et s'habille à la hâte. Affectée depuis trois ans à la DIPJ de Lille, l'officier de police Sénéchal a appris à se concentrer sur l'essentiel. Les apparences, l'exercice de son métier le lui confirme chaque jour, sont un théâtre d'ombres pour spectateurs naïfs. Elle est on ne peut mieux placée pour en attester.

Elle claque la porte et se dirige vers la moto garée dans la courée. À la fenêtre de la maison d'en face, une rouquine d'une douzaine d'années lui fait signe en toquant au carreau. Mathilde s'arrête et lui renvoie un salut de la main. Un bref instant, les traits de la policière se sont radoucis, comme éclairés par un rai de lumière. Le moment s'enfuit, l'urgence reprend le dessus. Avant d'enfiler son casque, Mathilde sonde la poche de son blouson. Son « flacon miracle » est bien à sa place. Depuis l'enfance, elle souffre d'une phobie sévère des odeurs de menthe. Ce trouble se manifeste de manière aiguë, parfois jusqu'à la perte de connaissance. Il est apparu suite à l'accident de vélo qui lui a valu un traumatisme crânien et une vingtaine de points de suture. Aucun des médecins consultés n'a su isoler la racine physique de ce mal. Mathilde ferait un bien mauvais témoin : l'épisode ainsi que les semaines qui l'ont précédé sont effacés de sa mémoire. Quel qu'il soit, le coupable court toujours. Sans doute faudrait-il explorer d'autres pistes. Avec une régularité entêtée, Mathilde repousse sans cesse à plus tard. Elle s'est construite avec ce talon d'Achille et a appris à en gérer les symptômes. Son tempérament ne tolère ni apitoiement sur soi, ni faiblesse. La sienne, moins que toute autre. Sans un regard en arrière, le capitaine Sénéchal démarre en trombe.

« Waouh ! Ça rigole plus », murmure Adèle, la petite voisine admirative, le nez collé à la vitre. Le bruit d'un objet qui râpe le mur fait tourner la tête de l'adolescente. Sa mère se tient sur l'escalier, un sac de voyage à l'épaule et une moue d'excuse aux lèvres. Le sourire d'Adèle vacille, ses prunelles turquoise se troublent. Bravement, elle prend une inspiration avant de lâcher tout à trac :

— Ça va aller, maman. Je vais me débrouiller, t'inquiète.

Adèle peint des trompe-l'œil sur ses bleus à l'âme et s'invente des histoires à dormir debout. Mathilde se frotte la tête sur l'air du « même pas mal », encore et encore, jusqu'à ce que la douleur devienne croûte, puis corne. De celles qui vous embrochent au détour d'un cauchemar. À bien des égards, ces deux-là sont sœurs. Des crâneuses à la peau tendre, de vraies championnes du bluff. Peut-être même Mathilde, il y a si longtemps que le souvenir lui échappe, a-t-elle été la jumelle d'Adèle.

6

2, cité Franchomme

Le microquartier résidentiel n'a jamais connu pareille effervescence. Sur l'étroite chaussée bosselée, deux pompiers poussent un brancard sur lequel Vincent Dussart est sanglé, bouche tordue, yeux révulsés. Partout des policiers, certains en uniforme, d'autres en civil, frappent aux portes des maisons et pressent leurs occupants de questions. Des caves aux greniers en passant par les abris de jardin, les haies, les niches, les locaux à poubelles et les voitures stationnées, chaque centimètre carré de la zone du voisinage immédiat est fouillé. Et le périmètre s'élargit de minute en minute. Des unités ont rejoint le parking du supermarché situé à proximité. D'autres sont arrivées au pied des immeubles qui bordent le flanc droit de l'impasse. Venus leur prêter main-forte, des militaires secondés de leurs chiens ont investi les espaces verts et ouvrent le moindre buisson. Ils cherchent un nourrisson de trois mois qui a disparu, vraisemblablement blessé, en danger sans le moindre doute. Déjà mort, selon l’hypothèse du pire. Ils y pensent, bien sûr, et cela redouble leur engagement, attise leur suspicion. Ils sont brusques au premier contact et âpres dans l’échange. La diplomatie n’est pas à l’ordre du jour. Le bébé est peut-être chez celui-là qui prétend avoir tardé à ouvrir parce qu’il était sous la douche. Et celle-là, dont les semelles sont boueuses et qui jure revenir de promenade, ne vient-elle pas de se débarrasser du corps dans un terrain vague ? Dans le doute, ils font feu de tout bois. Étrangères à cette fièvre, les combinaisons blanches de la police technique et scientifique suivent une chorégraphie lente et laborieuse, circonscrite à l’épicentre du drame.

De l’autre côté du ruban jaune, deux hommes en pardessus discutent à voix basse. Le plus grand est le commandant Albert Lazaret. Il est au coude à coude avec le procureur qui, fidèle à sa réputation de pitbull, exige déjà les premiers résultats. La pression, c’est bien connu, est un phénomène qui s’exerce du haut vers le bas.

— Qu’est-ce qu’il a dit, le médecin, au sujet du mari ?

— Il a diagnostiqué un état de choc traumatique.

Avec la vivacité d’analyse qui a forgé sa renommée, Lazaret devance la question suivante.

— Le toubib n’a encore jamais rencontré quelqu’un capable de feindre un truc pareil. Ça ne veut pas dire que cette personne n’existe pas, je sais. Mais on n’a rien d’autre à se mettre sous la dent.

— Bon, et à part lui alors, quoi ? Un signalement ? Un véhicule suspect ?

— Rien. Même pas la description des vêtements du gosse ! Et à cet âge, ils se ressemblent tous…

— Donc, on peut faire une croix sur le plan alerte enlèvement.

— Oui. Mais la situation pourrait évol…

— Un appel à témoins ?

— C'est encore trop tôt, l'enquête de voisinage ne fait que…

— Non, je veux qu'on aille vite et qu'on utilise tous les moyens à notre disposition. Si les statistiques mentent et que le père n'est pas dans le coup, nous devons être irréprochables.

Lazaret suit le regard du procureur qui a glissé vers le groupe de journalistes agglutinés derrière le cordon de sécurité. Il n'a pas besoin de dessin. Ce laïus sonne à ses oreilles comme un modèle d'hypocrisie putassière. Traduire : au procureur, les lauriers, à lui, les coups de trique. Lazaret sait qu'il vient de monter dans le manège qui fabrique héros et boucs émissaires et il lui vient un haut-le-cœur.

— Attendons au moins le bilan des perquises chez le père du petit ! s'emporte-t-il avant d'écraser son mégot du talon.

Les deux hommes évaluent leurs forces respectives. Le commandant Lazaret ne cille pas, ses yeux noirs et vifs, presque fiévreux, sont fichés dans ceux du magistrat.

— Bien, transige le procureur dans un battement de paupières et sur un ton redevenu plus amène. Je vous donne deux heures et je veux être tenu informé de la moindre avancée. Dès demain, je demanderai l'ouverture d'une instruction et vous pourrez agir sous commission rogatoire. Vous aurez besoin d'avoir les coudées franches.

Après une brève poignée de main, le procureur s'éclipse pour délivrer sa première interview.

Lazaret l'observe se composer un air de circonstance et refrène une furieuse envie de cracher par terre. Il ouvre son paquet de cigarettes, fait la grimace et l'écrase en marmonnant. Non loin de lui, l'agent qui vient d'assister à la scène accourt pour lui tendre le sien. Le chef de groupe le remercie d'un hochement de tête complice.

— Foutue affaire, pas vrai, commandant ?

Lazaret acquiesce en silence et penche son visage vers la flamme. À la première bouffée, sa cigarette est à demi consumée. La montée d'adrénaline a transformé ses nerfs en cordes de guitare et donné le premier tour de clé. Ce n'est que le début. Les calculs carriéristes n'entrent pas en considération. Lazaret n'a de comptes à rendre qu'à lui-même. Il n'a jamais cherché à sauver ses fesses ou à les faire lustrer. Retrouver le bébé, c'est pour ça qu'il bosse. Le reste n'est que foutaises. Le compte à rebours est lancé.

7

Vieux-Lille

Sur ordre de Lazaret, le lieutenant Damien Delage supervise la perquisition de l'appartement de Vincent Dussart. En l'absence du propriétaire, deux voisins de palier ont été réquisitionnés en qualité de témoins. Une femme au foyer et un septuagénaire qui ont été arrachés, pour l'une à un téléfilm américain, pour l'autre à un puzzle de cinq mille pièces. Leur morne après-midi a basculé dans la quatrième dimension. Dans quelques années, ils raconteront l'anecdote avec la même incrédulité. « Tu te rends compte, ils ont démonté les bouches d'aération et ouvert les trappes d'accès de la baignoire ! »

Relevés de comptes, calepins, agendas, revues, ordinateur, tablette, disque dur, l'intimité de Dussart est dépecée et mise sous scellés. Un mouchoir taché de sang et quelques cheveux complètent cette collection hétéroclite. Des heures d'un travail minutieux et ingrat seront nécessaires pour la reconstituer. Après un énième tour d'inspection, Delage ordonne le repli des troupes vers le box fermé situé au sous-sol de l'immeuble. Quelques étages plus bas, les manœuvres se répètent. Sans découverte notable. Le lieutenant renvoie ses témoins du jour à leur train-train. Les policiers replient les voiles. S'ils rapportent avec eux la preuve de la culpabilité de Vincent Dussart, ils l'ignorent. Plus précisément, ils ne savent pas où elle se cache. Pas encore.

La voiture est garée devant une agence du Crédit Agricole. Delage lance les clés à un jeune gardien de la paix et s'installe côté passager. Il n'a pas envie de conduire. Juste de relâcher la pression le temps d'un court trajet.

— Quand même ! s'exclame le bébé flic. Faut être sacrément remonté pour faire un truc pareil ! Et le gosse, Dédé, tu crois que… Merde ! Si minus !

Delage acquiesce avec fatalisme en passant une main sur son crâne dégarni. L'autre est posée sur un bourgeon de bedaine qu'il s'applique à rentrer. Dans peu de temps, il fêtera ses 51 ans. Seul. Il y a dix jours, sa femme s'est taillée avec un conseiller financier du Crédit Agricole. Depuis, l'enseigne lui donne des boutons. Delage secoue la tête. D'après son expérience de la nature humaine, il est prêt à parier toutes ses économies – celles qu'il pourra sauver de la liquidation matrimoniale – que l'infidèle va vite déchanter. Parfois, il rêve de son retour piteux et se fait des films dont l'orgueil dirige les premières scènes. L'ennui, c'est qu'il lui reste des lichées d'amour. Une fois qu'il a raclé le pot des ressentiments, il finit par tomber sur un fond de miel et ça fait mal. Alors, il se raccroche à sa rage, comme un malade à sa pompe à morphine, en espérant passer le cap de la douleur. À l'instant, il se dit qu'il y a dix jours, il aurait bien été foutu d'appuyer sur la détente. Et puis l'image de ses deux filles en grenouillère s'impose à lui. Il pense à son collègue, Sqalli, parti faire une descente chez un suspect ; après vingt-cinq ans de métier, il ne sait toujours pas dans quelle catégorie le ranger. Sauf peut-être celle des aberrations. Delage baisse la vitre comme si un peu d'air frais pouvait suffire à lessiver ses idées noires.

— On cherche un minus, comme tu dis, et un maousse de putain de salaud !

8

Lille, rue du Buisson, immeuble Le Breteuil

Le lieutenant Franck Sqalli, un trentenaire tout en muscles et en nerfs, s'apprête à pénétrer de force dans l'appartement d'un immeuble planté à un jet de pierre de la scène de crime. Il est en position de frappe lorsque la main levée de l'agent qui l'accompagne suspend son geste. Une toux caverneuse et le bruit des savates que l'on traîne leur parviennent distinctement. « Voilà… Voilà… » siffle une voix asthmatique.

— On se magne, Nardi ! Cinq minutes, qu'on sonne ! Pouviez pas signaler votre présence plus tôt !

Un chauve à la figure émaciée apparaît dans l'encadrement. Son corps famélique flotte dans une robe de chambre au velours élimé. Deux tuyaux transparents partent de ses narines jusqu'à la bonbonne qu'il porte en bandoulière. Sqalli met quelques secondes à le remettre, mais c'est bien l'homme dont le casier mentionne une condamnation pour attouchements sur mineurs. Les victimes, Sqalli en a encore des remontées acides, étaient des bébés de la maternité où le suspect était employé.

— Alors, quoi… Vous avez encore perdu un môme et vous venez rendre une petite visite de courtoisie à Gégé ?

Tous les trois mots, la cage thoracique du pédophile se gonfle jusqu'à rompre en produisant des chuintements de pneu crevé. À la fin de sa tirade, il est exténué. Sqalli ne le laisse pas souffler.

— Vous étiez où, dans la soirée ?

— À l'hosto. Rentré ce matin. Pouvez vérifier… (Son index décharné pointe un bahut où s'amoncellent paperasses et boîtes de médicaments.) J'ai comme qui dirait un certificat médical. C'est quoi, cette fois ? Un garçon, une fille ? Quel âge ?

Une lueur malsaine s'est allumée dans le regard du pervers. Sqalli se retient de frapper ces lèvres retroussées en sourire sur des dents jaunes. Mâchoires crispées, il consulte le dossier d'hospitalisation, vérifie les bons d'ambulance et note le nom de l'oncologue.

— On va pas s'éterniser, alors.

Nardi ferme les yeux et s'essuie le front du revers de sa manche. L'agent a fait demi-tour, mais Sqalli ne décolle pas.

— On a droit à la visite complète, non ?

Le lieutenant avait un doute, plus maintenant. C'est bien l'affolement qui déforme les traits du suspect. Il en confie la garde à l'agent et entame son exploration. Cuisine, chambre, salle de bains, la pagaille de Nardi sent le jus de poubelle et le moisi. Sqalli a enfilé ses gants et ouvre les portes des armoires. Le ventre noué, il tâtonne sous des monceaux d'objets. Se fait la réflexion qu'il doit régner le même capharnaüm malsain dans l'esprit du malade dont les protestations s'étouffent dans des quintes de toux. Reste une porte verrouillée au fond du couloir. Nardi jure que c'est un débarras dont il n'a jamais eu la clé. Sqalli l'ouvre d'un coup de pied. Sur le moment, ça soulage. Juste après, c'est comme s'il avait gobé une pierre. Dans le réduit aveugle et plongé dans la pénombre, il distingue un matelas sur lequel est posé un petit corps désarticulé. Sqalli songe qu'il n'a pas envie de voir ça. Il est pourtant entré et ses doigts se posent à l'emplacement de la carotide. C'est rigide et froid, recouvert d'une matière visqueuse.

— Saloperie !

Sqalli retire sa main comme s'il s'était brûlé et allume sa lampe torche. Entassées sur des étagères, les billes colorées de dizaines de poupées fixent le vide. Toutes ont la bouche et l'entrejambe entaillés. Nardi jouit sur des poupons en plastique. Sqalli se demande combien de temps il va supporter de mettre ses mains dans la merde du monde.

9

Lille, DIPJ
Lundi

La gomme chauffée par les cavalcades, un fond de café qui brûle, les flèches acides de la transpiration, le stress et son odeur de silex frotté, la houle qui agite la DIPJ, Mathilde Sénéchal l'avale par le nez. Dans son cerveau, des étincelles jaillissent en gerbes d'argent, une pyrotechnie olfactive qui aiguise sa concentration. La jeune femme s'oublie dans l'action autant qu'elle y excelle. Elle est en ligne avec le commissariat de Saint-Quentin où a été escortée la mère de Vincent Dussart. L'officier qu'elle interroge à distance éprouve la désagréable sensation d'être devenu la cible impuissante d'un feu continu. Ce n'est pas qu'une impression, il a perdu la main. « À Saint-Quentin depuis trois jours… En visite chez sa sœur. En train. Non, elle n'a pas le permis de conduire… Sa sœur non plus. Dimanche soir ? Au restaurant, toutes les deux. Tickets de carte bleue et… Oui, des témoins. »

Exit la maman et la tata. Mathilde biffe les deux noms sur sa liste, l'OPJ reprend son souffle. La pause est de courte durée.

— Vous pouvez la ramener à Lille ?

— C'est prévu. Elle insiste pour se rendre auprès de son fils. Sa sœur l'accompagne et…

— Très bien, nous prendrons également sa déposition.

— C'est surtout… Elle est encore très choquée, c'est aussi bien qu'elle ne soit pas seule dans les prochaines heures. Mettez-vous un peu à sa place !

— OK, faites-moi signe dès votre arrivée à l'hosto.

Sans autre forme de politesse, Mathilde a raccroché. Le reproche de son correspondant pour son manque de compassion l'a laissée de marbre. Les émotions sont des fièvres qui grippent l'action et mettent la raison en ébullition. À transpirer des mirages. Mathilde observe et dissèque avec clairvoyance. *Ne jamais se laisser prendre au jeu au risque de perdre la maîtrise de la partie.* L'enquêtrice ignore d'où lui vient ce credo, mais sa religion est faite. N'en déplaise aux âmes sensibles, elle se sent très exactement à la place qui doit être la sienne. *Garder la bonne distance, toujours. C'est ta seule chance de localiser le petit avant qu'il ne soit trop tard.*

Si l'un et l'autre sont encore possibles.

Mathilde avale une gorgée de café et compose un nouveau numéro.

« Vous êtes bien sur le répondeur de Marie-Pierre Foulon, je suis désolée, je ne peux vous répondre pour l'instant… » *Merde ! Merde et merde !*

Marie-Pierre Foulon est la seule famille directe de Chloé Dussart, or elle reste injoignable. Mathilde a déjà envoyé une équipe à son domicile. La sexagénaire célibataire et sans enfants a bondi dans le peloton de tête des suspects. Ses colistiers sont les contacts actifs extraits du répertoire téléphonique de la victime et les délinquants sexuels dont les identités ont été crachées par le FIJAISV. Les circonstances exceptionnelles de la disparition de Quentin ont provoqué un séisme dont l'onde de choc et les répliques n'épargneront personne de son entourage affectif comme géographique. Si l'on se fie à la loi des nombres, les prédateurs que l'imaginaire se représente tapis dans l'ombre glauque d'un parking ou sous le couvert d'un bosquet ne sont pas les plus prolifiques. C'est à une armée de monstres ordinaires que s'attaque Mathilde. La voisine serviable, le brave tonton, la copine sympa, le collègue de travail attentionné. Ils sont dans la lumière. Installés dans le quotidien de la victime, ils ont déjà gagné sa confiance ou son amitié. Voire son amour. Neuf fois sur dix, elle partage le lit de son assassin.

Et on en revient au mari... Allez, Mathilde, faut débroussailler le terrain en attendant de pouvoir l'interroger. Le capitaine Sénéchal compose le numéro suivant, celui d'une jeune femme qui présente toutes les cautions de la bonne amie. En apparence.

10

Ariège

Pierre Orsalhièr – mais ici tout le monde l'appelle Pierrot – claque ses godillots sur la pierre plate qui fait office de seuil. Il est le quatrième de sa lignée à patiner cet éclat de montagne aux reflets rouille que son arrière-grand-père, d'après la légende familiale, a arraché de la Pointe d'Argent. De son sang, personne ne viendra après lui. Une décision mûrie : ce monde n'aura pas ses enfants à se mettre sous la dent. Les femmes ont beau tourner autour de sa haute silhouette de montagnard, glisser leurs ongles dans le maquis de ses boucles brunes filées d'argent, se frotter à son corps endurci par la marche, leurs instincts reproducteurs se cognent à son désir de solitude. De sa vie antérieure de flic, Orsalhièr a conservé, à Toulouse, un appartement dont les loyers lui permettent de subvenir bon an mal an à ses besoins, ce qui se résume à peu de chose depuis qu'il a fait le choix de l'essentiel. À la belle saison, il consent parfois à promener des touristes dans le parc naturel des Pyrénées ariégeoises. Lorsque son silence obstiné est impuissant à décourager les jacasseurs, il les entraîne dans les passes les plus abruptes, celles où économiser son souffle devient nécessité. Orsalhièr pense que la plupart des humains se contentent de faire du bruit. Autant dire que leur capacité d'écoute est équivalente à celle d'un aspirateur. Sous son déguisement de taiseux tissé pour tenir à distance les importuns, le quadragénaire est un grand bavard. Par les cirques, les crêtes et les moraines, en toute saison et par tous les temps, il cause, mais en dedans. Il adresse des messages silencieux à la montagne. Elle lui répond avec le seul langage qu'elle connaisse. Fleurs, torrents, bêtes, nuages, rocs et brumes, voilà son vocabulaire, et la patience, sa grammaire. Il range ses missives avec un soin amoureux dans la mémoire de son appareil photo. Il est de plus en plus fréquent d'admirer ses prises de vue au détour des pages d'un magazine. Dans le milieu, sa réputation est acquise. Le braconneur d'images rentre d'un circuit de trois jours sous les couverts forestiers, éreinté et heureux. Il abandonne son barda dans la pièce du rez-de-chaussée qui lui sert d'atelier et de débarras et grimpe en chaussettes à l'étage. La maison étroite et en hauteur, siamoise des bâtisses qui composent le village-rue de Goulier, lui réserve l'accueil glacial d'une maîtresse jalouse et délaissée. À mille deux cents mètres d'altitude, la fin de l'automne couve déjà l'hiver. Ils sont moins d'une trentaine, résistants engagés ou soldats malgré eux, à rester sourds à l'appel de la plaine. Orsalhièr s'accroupit devant la cheminée et allume le tas de petit bois qu'il a préparé en prévision de son retour. Au-dehors, les laves du couchant incendient la Pique d'Endron, éperon dardé à près de deux mille cinq cents mètres. Le montagnard étend ses mains au-dessus des flammes naissantes. Il se sent en paix.

Un peu plus tard, calé dans un fauteuil et les pieds dans la chaleur de l'âtre, Orsalhièr ouvre son ordinateur pour consulter ses messages en absence et envoyer une sélection de clichés à son commanditaire. Les barres de connexion indiquent que les dieux du réseau, une fois n'est pas coutume, sont cléments. Son soulagement est de courte durée. Une alerte s'affiche. Lâchée sur le Net, sa vieille palangre, dont les hameçons sont constitués de mots-clés, a ramené une prise. L'événement est inédit. Sourcils froncés, l'Ariégeois clique sur le premier lien, le parcourt à la hâte, puis remonte le suivant, jusqu'à épuisement de sa pêche. Sa lecture achevée, il se lève et tourne en rond en ébouriffant sa tignasse, un tic hérité de l'enfance, signe d'une concentration fébrile. *Merde, Pierrot, c'est du passé tout ça ! Pas sûr qu'il y ait le moindre rapport. À l'autre bout du pays... C'est juste une putain de coïncidence. Tu vas gaspiller ton temps et récolter un tas d'emmerdements, c'est tout.*

L'analyse objective plaide en faveur de l'inaction. Mais Orsalhièr se méfie de la logique. Il prétend que si le diable existe, c'est un salaud de cartésien. Guerres, austérité, licenciements, il suffit d'ouvrir le journal pour se convaincre que les grands manitous et les enfoirés de tout bord ne sont jamais à court d'arguments rationnels. *Ouais, comme autant de cartouches dans la culasse... Il y a vingt ans, ce sont ces mêmes raisonnements à la con qui ont pressé la détente.* Orsalhièr replonge dans une période de son existence où les impressions de précipitations et de cacophonie dominent. De l'excitation des débuts à la décélération brutale, c'était allé si vite. Trop vite. Jusqu'au crash. La mort d'un homme lui avait permis de comprendre que sa vie était en train de lui filer entre les doigts. Le costume de flic n'était pas taillé à sa mesure. Les coutures avaient craqué de toutes parts. Il n'était plus à la bonne place. L'avait-il seulement jamais été ? *Pas assez blindé*, avaient pensé certains. *Encore humain*, s'était dit Orsalhièr. L'électrochoc n'avait pas été immédiat. Trois mois après la clôture de l'enquête, le ministre de l'Intérieur nouvellement nommé était venu parader dans son commissariat. Il se revoit encore bras raidis le long du corps devant la main tendue. *Et tu l'as pas serrée... Oh putain ! Leur gueule à tous ! Ouais, il t'a fallu du temps, mais t'as fini par comprendre. Si tu peux pas choisir ton chef ou discuter les ordres, alors au diable les chefs et les ordres.*

Il avait donné sa démission dans l'heure. À contre-courant d'une hémorragie inéluctable, il était remonté vivre sur les terres de ses ancêtres. Le regard de l'Ariégeois s'envole vers les cimes. *Et tu l'as jamais regretté. La vraie vie, elle est ici...*

Même les désordres humains se plient à la loi des hauteurs. Les passions, comme les ancolies, s'épanouissent ou s'étiolent en obéissant à d'autres rythmes. Certains crimes peuvent mettre des générations à éclore. D'autres ont la fulgurance de la foudre. Ici, la vitesse détermine la différence entre la vie et la mort et fait pencher la balance dans un sens ou dans l'autre. Orsalhièr accepte cette fatalité et il se soumet au diktat des éléments naturels. Plus à celui des hommes. *Pour être quitte, il te reste une chose à faire. S'il y a la moindre chance, faut la tenter, sinon, tu y penseras jusqu'à la fin... Comme un goût d'inachevé... Et puis tu as promis.*

Il se rend jusqu'à sa chambre où il fourre quelques vêtements et son nécessaire de toilette dans un sac. Dans le tiroir de son bureau, il prend de l'argent liquide et une clé USB. De retour dans le salon, il détruit son feu de quelques coups de tisonnier. Il est prêt.

Il claque la porte d'entrée en faisant se balancer le petit bouquet suspendu à un clou. Les fleurs molestées toussent un parfum vanillé. Dans la rue principale où deux voitures ne peuvent se croiser, il dépasse cinq maisons aux volets clos et toque à la porte de la sixième. Le bruit d'une chaise racle le plancher. Des pas lourds et lents font gémir les marches. Jehan, casquette kaki vissée sur le crâne, se tient dans l'embrasure.

— Alors, tu l'as vu, l'ours ?

Jehan s'exprime avec un accent encore plus prononcé que celui d'Orsalhièr. Il roule les « r », comme les torrents d'ici, les rocs et les troncs. Orsalhièr sourit. Entre le vieil homme et lui, c'est LE sujet de dispute. Jehan ne cesse de pester contre les écolos de la ville qui s'inquiètent davantage de la disparition de l'ours que de celle des Ariégeois. Il affirme à qui veut l'entendre que si la sale bête montre son museau à moins d'un kilomètre de ses moutons, qu'il soit slovène, espagnol ou même président de la Commission de Bruxelles, il lui fera la peau. Jehan est né berger, fils de berger, petit-fils de berger... Son aversion est héréditaire. Orsalhièr ne la partage pas, mais il la comprend. Le pâtre fait partie de ces hommes francs et solides avec lesquels il fait bon ne pas être d'accord. Ce motif de discorde, parce qu'il est central, est la preuve de l'amitié inconditionnelle qui les lie.

— Non, Jehan, pas cette fois. Et même si…

— Je serais le dernier à qui tu le dirais ! Bon beh, tu entres ou quoi ?

— Non, je suis venu te laisser mes clés, lâche Orsalhièr, embarrassé. Je dois partir pour quelques jours. Je ne sais pas quand je vais rentrer, je ne voulais pas que tu t'inquiètes.

— Mais où, dans la montagne ? Parce que alors je peux m'inquiéter, avec ta folie de l'ours !

— Non, non, en ville. C'est compliqué à expliquer.

— Mmm… Tu n'as pas de mal, au moins ? C'est pas à l'hôpital que tu vas ? Parce que ces endroits, tu sais quand tu rentres, jamais quand tu sors !

— Tout va bien, Jehan, une vieille histoire à régler. Je t'expliquerai, promis.

— Bon beh, si t'as besoin, je suis là.

Orsalhièr frictionne en guise d'au revoir la casquette du berger, lequel bougonne par principe. Puis il se dirige vers son 4 × 4 garé aux abords de l'église. En mettant le contact, il ignore s'il a tort ou raison et, plus encore, comment il sera reçu. Mais il n'est pas homme à rebrousser chemin avant le début de la bataille, même perdue d'avance.

11

Lille, DIPJ

Le commandant Lazaret referme la porte derrière lui. Le remue-ménage qui a pris possession du plateau se mue en bourdonnement. La main sur la poignée, il inspire et rassemble ses forces. Si les éléments recueillis au cours des premières heures augurent de la suite, l'enquête promet son lot de suées et d'impasses. L'appel à témoins n'a pas donné le coup d'accélérateur espéré. L'instrumentalisation des médias constitue un exercice périlleux dont le bilan est pour l'heure doublement négatif : aucune remontée d'informations fiables et une pression qui va en s'intensifiant. *C'est un mauvais départ*, conclut Mathilde qui n'a rien perdu de son entrée en scène.

Lazaret se frotte le front sans effacer les plis qui le balafrent et s'installe à côté d'elle. Dans un battement de cils, leurs regards se croisent. Ce contact est superflu. Mathilde a reconnu la tension de son chef de groupe aux turbulences âcres et poivrées de l'air qu'il vient de déplacer. Le corps de la jeune femme se rapproche de manière imperceptible. La proximité d'Albert la rassérène et la réciproque est vraie. Il y a huit ans, alors qu'elle était en poste à Paris et Lazaret déjà à Lille, ils avaient collaboré sur un quadruple homicide. Un soir, ils n'étaient pas rentrés chacun de leur côté. Le sexe avait été ce qu'ils avaient partagé de moins intime. Pour la première fois, Mathilde avait tenu le visage d'un homme en train de pleurer. Cette nuit-là, elle lui avait confié des peurs qu'elle n'avait jamais mises en mots. Quand on lui avait proposé l'affectation à la DIPJ de Lille, elle n'avait pas hésité une seconde. Albert a sa confiance et sa tendresse. Le commandant Lazaret force chaque jour son respect.

Faisant face à leur duo, et par ordre décroissant d'ancienneté, sont assis le lieutenant Damien Delage, dit Dédé, le lieutenant Franck Sqalli et le brigadier Sylvie Muller qui n'est encore que « la nouvelle ». Le groupe est au complet. Chacun de ses membres concentré et à l'écoute. D'une voix encrassée par la suie de trop de nuits blanches, Lazaret dresse un tableau de la situation.

— Patrouilles, contrôles des véhicules, fouilles des espaces verts et des terrains vagues, la municipale, la gendarmerie et l'armée sont sur la brèche. Je coordonne. On pourra aussi s'appuyer sur les collègues de la brigade des mineurs. Précédents d'enlèvements ou d'actes pédophiles sur des nourrissons, ils continuent de localiser et de vérifier les emplois du temps de ceux qui sont dans leur collimateur…

Lazaret s'interrompt et ses yeux vifs se plantent dans ceux de Sqalli.

— À ce sujet, poursuit-il d'un ton devenu moins martial, ton intuition a payé, Franck. La suite de la perquise a permis de saisir des photos et des vidéos à caractère pédopornographique. La mauvaise nouvelle, c'est qu'il y a peu de chances que Nardi aille en prison. La bonne, c'est qu'il ne lui reste pas longtemps à vivre.

Sqalli se trémousse et fait craquer ses pouces.

— Après ce que j'ai vu, commandant, il n'y a que la mort pour guérir des tordus pareils.

Lazaret laisse filtrer une expression désabusée. Leur enquête est en train de transformer la ville en zone de front. Des Nardi, il risque d'en tomber chaque fois qu'ils secoueront une branche. Dans un geste inconscient, Mathilde effleure la scarification à son crâne. *Sous terre ou dans des placards, il y aura forcément des cadavres.*

— Si dans le cadre de vos investigations, poursuit Lazaret, vous tombez sur des cas similaires, sans lien avec notre affaire, vous en informez Mathilde ou moi, et nous refilerons la procédure à qui de droit. Je ne veux pas qu'on se disperse. On utilise l'aide et la logistique qui nous sont affectées pour balayer large. Nous, on affine. Et surtout, pas un mot à quiconque. On doit garder la main sur les informations qui seront diffusées.

Lazaret consulte la montre à son poignet et se tourne vers son adjointe. Leurs épaules se touchent presque. Les narines de Mathilde frémissent. Une particule odorante vient de se prendre dans ses filets. Rance, suave, pâteuse… Son cerveau égrène des qualificatifs sans réussir à isoler d'analogie. La main de Lazaret se pose sur son avant-bras avec douceur et ce contact, même fugace, la fortifie.

— Mathilde, tu nous fais un topo ?

Paumes à plat sur le bureau, Mathilde contrôle sa respiration et fixe un point virtuel avant de prendre la parole. De plus en plus souvent, Albert lui desserre la bride tout en lui confiant les rênes. Cette passation des pouvoirs n'est pas pour lui déplaire. Mais elle en mesure le poids au gramme près. À ce fardeau de responsabilités élargies, s'ajoute l'exigence de perfection qu'elle s'impose. Aucun patron ne saurait être aussi dur et cassant qu'elle peut l'être envers elle-même. *Allez, Mathilde, c'est parti. Et tu es prête.*

— Voilà ce qu'on a pour l'instant. Aucune trace relevée sur la scène de crime qui matche dans le FNAEG. La victime a été abattue dans son lit, d'une seule balle à bout touchant tirée derrière l'oreille.

— Une exécution, marmonne Delage. Réussir à l'approcher de si près sans éveiller sa méfiance…

— Ça sent le familier à plein nez, je suis d'accord, Dédé. D'après les premières estimations du légiste, la mort remonte à la veille, dimanche, entre 20 heures et minuit. On aura un créneau plus précis après l'autopsie. Sylvie, c'est toi qui t'y colles. Demain matin 8 heures.

Muller déglutit. Si elle n'est plus novice en la matière, à l'évocation des réjouissances de l'Institut médico-légal, ses sens se rebiffent, son estomac proteste. Mathilde le sait. Elle a extorqué l'information au précédent supérieur hiérarchique de la jeune brigadière. Et Muller sait qu'elle sait. Les deux femmes s'observent quelques secondes en silence. Muller réprime la remarque acerbe qui lui brûle la langue et acquiesce d'un mouvement volontaire du menton. Elle s'accroche. Elle ne souhaite pas rester indéfiniment « la nouvelle ». Quel que soit le prix à payer pour gagner son statut de membre à part entière, elle est prête à régler cash. Delage la pousse affectueusement du coude en lui adressant un clin d'œil.

— C'est bien noté, capitaine, lâche Muller.

Mathilde rectifie l'alignement des documents placés devant elle. *Bien, ça, c'est fait. Point suivant.*

— Vincent Dussart, bilan de la perquise effectuée à son domicile : nul ou presque. Il est fils unique et n'entretient pas de liens avec le reste de sa famille. Sa mère l'a décrit comme un solitaire. C'est confirmé par les premières analyses menées sur ses données informatiques et sa téléphonie. On sait qu'il a appelé Chloé, dimanche soir de 19 h 45 à 20 h 17. En dehors de sa femme et de sa mère, les numéros récemment composés depuis son portable correspondent à des contacts professionnels. Ce n'est que le début et on remontera aussi loin qu'il le faudra. Franck, tu vas te rendre sur son lieu de travail avec une équipe.

Mathilde lui tend une feuille.

— Leurs noms, ils sont briefés. Altercations, jalousies professionnelles, liaisons, tire tout ce qui dépasse, ragots compris. À défaut d'une info qui nous mène à son fils, on aura au moins une description plus complète du bonhomme.

— Nickel.

Aux tressautements de ses pupilles et à ses jambes qui battent la mesure, il est aisé de deviner que le lieutenant Franck Sqalli est dans les starting-blocks.

Mathilde accuse réception d'un simple battement de paupières.

— La tante de Chloé Dussart est au Maroc. Impossible de la joindre. Deux gars sont sur le coup au cas où elle aurait agi avec l'aide d'un complice. Du côté de la victime, maintenant. Chloé travaillait au Printemps. Des perquisitions ont été menées chez des collègues à elle qui ne se sont pas présentées au travail ce matin. Les employés, les clients… Vu la masse et l'urgence, on a besoin d'éléments pour prioriser nos interventions. Alors, le programme pour tout de suite… Dédé, tu m'accompagnes à l'hôpital pour interroger Dussart. Ensuite tu iras soutirer des infos à une amie de Chloé. J'ai vérifié, elle est clean. Sylvie, tu es en support pour aider au triage des appels entrants et faire le lien avec le groupe qui s'occupe de la téléphonie. Inutile de préciser qu'on joue la montre, c'est le petit Q…

Mathilde s'interrompt, l'œil rivé sur le portable qui vient d'émettre trois notes aiguës. Elle colle son téléphone à l'oreille avec une moue d'excuse. La communication n'excède pas une minute. À l'expression qui cadenasse les traits de son adjointe, Lazaret a reconnu le sceau des sales nouvelles. Il lit dans ses non-dits avec une clairvoyance qui parfois l'effraie. Comme s'il contemplait son double à trente ans d'intervalle. Mathilde passe la main sur ses cheveux ras et se frotte le nez. *Tu as raison de t'inquiéter, Albert, un putain de mauvais départ. Et c'est peut-être déjà fini…*

D'une main ferme, elle brandit la photo étalée devant elle et pointe une tache rouge sur la moquette défraîchie. En articulant les premiers mots, un jus de fer et de rouille glisse sur sa langue.

— La tache de sang dans la chambre du bébé… C'est bien celui de Quentin…

Delage broie un gobelet vide.

LUI

Je me souviens de tout.

L'église Saint-Charles-Borromée avait revêtu son étole de brumes, le ciel d'Anvers se fardait d'ombres charbonneuses, ses âmes vides vaquaient à des occupations dérisoires. J'avais perdu le goût de les voir. J'ai poussé la porte de la boutique. Comme à son habitude, l'antiquaire a retourné la pancarte derrière moi tandis que je prenais le chemin de ses entrepôts. Je n'ai jamais aimé les vitrines et les mises en scène ordonnées. Les « choses » qui ont traversé les âges se referment sous les éclairages crus. C'est dans la pénombre ou la déchirure opportune d'un carton d'emballage que je veux les surprendre. Cueillir dans les rais de lumière qui les retiennent les pollens de jardins disparus. Respirer les cires, les fibres et les pigments avant que le jour ne les flétrisse, que la restauration ne les dénature. Dans ce fourbi à peine déchargé, les odeurs sont des armadas.

Comme à chacune de mes visites, j'étais impatient d'embarquer.

Un peigne d'écaille, une figure de proue, un secrétaire d'ébène… Je collais des pastilles chaque fois qu'un objet ratissait en moi une rêverie. Je m'apprêtais à explorer d'autres quais lorsqu'un mouvement dans le fond du hangar attira mon attention. Je n'entrevis qu'un profil sombre en lévitation. Il me fallut pagayer dans le bric-à-brac pour parvenir jusqu'à lui. Relégué à la nuit, un Osiris de bronze dressait sa majesté, à demi vêtu d'une toile en train de glisser avec la paresse d'une dune. Au pied de la statue, un diptyque replié. L'offrande. J'ai ouvert le double panneau de bois comme on franchit une passerelle jetée au-dessus du vide. Le Roi-Dieu avait cessé de prêcher dans le désert. Ils étaient là. Lui, paisible, l'expression comblée. Son visage rehaussé par un épais col de vison, si précisément restitué qu'une tiédeur s'en dégageait. Elle, figure ovale et pâle de perle précieuse, bouche gorgée de sève, tête ceinte d'une coiffe blanche venant en contrepoint de ses joues abricot. La moire profonde du velours faisant un calice à ses seins presque éclos. Sur le bourgeon d'un téton tendant l'étoffe, le souffle d'un émoi. Entre elle et lui, le grondement sourd d'une rivière souterraine.

Et moi, comme un fou.

J'ai pris le tableau, payé sans discuter, exigé une livraison en urgence. L'Osiris, bien sûr. Je suis reparti en titubant vers mon hôtel. Il me semblait percevoir le pouls de deux cœurs au travers du papier. J'avançais dans le brouillard quand je t'ai bousculée. Tu as levé les yeux vers moi. Cette couleur entre le bronze et l'olive, la même eau que la femme du portrait ! Je me suis demandé si elle ne s'était pas échappée du paquet que je tenais serré contre moi. La seconde d'après, je ne me demandais plus rien. Je savais. Je savais que c'était toi, que je n'avais fait que t'attendre, que je venais de te trouver…

Elle, toi. Lui, moi.

J'ai pris ta main, tu ne l'as pas retirée. Je t'ai dit que tu étais ma lumière, tu m'as cru. Je t'ai entraînée et tu m'as suivi. Dans la chambre, nous avons refermé les tentures, allumé les bougies, libéré les amants. Nos raisons ont expiré, vaincues par des vérités flamboyantes. Je veux me souvenir de tout. Du goût du vin sur ta langue. De la saveur de cette goutte de sang à mes lèvres sauvages. De tes cheveux en sarabande sur ma poitrine. De la morsure de tes ongles. De la musique de tes dents ruant aux miennes. De tes sueurs aux parfums de cardamome. De tes nectars profonds. De ces vapeurs d'âme dans tes sillons secrets. De tes soupirs quand tu dérives et de tes cris quand tu chavires. Et de cette sensation d'accélération quand j'ai pénétré ton delta, navigué tes plaisirs. En toi, j'ai remonté les courants de mes rêves. Le voile s'est déchiré. Mon Atlantide, mes El Dorado, c'était toi.

Oui, je veux me souvenir de tout.

Parce que la mort viendra de l'amnésie de nous.

12

Centre hospitalier régional

Au travers de la porte close filtrent des protestations inaudibles dont l'irritation est perceptible. Delage lance un coup d'œil appuyé à Mathilde qui hausse les épaules. Le médecin leur a accordé une demi-heure, elle n'a pas l'intention de la gâcher en salamalecs. Elle entre sans frapper. Dussart bataille pour enfiler sa chemise. Ses gestes sont gourds et désynchronisés. Une femme aux traits empâtés se tient à ses côtés. Ses bras, dont à l'évidence elle ne sait que faire, pendent sur ses hanches. Sa sollicitude de mère la soumet à une double contrainte dont elle est incapable de se délier : aider son fils à se vêtir ou l'empêcher de quitter l'hôpital.

— Capitaine Sénéchal, lieutenant Delage. Madame Géraldine Dussart ?

— Oui… Oui, bredouille-t-elle en se frottant les mains. Quentin ? Vous avez des nouvelles ?

— Pas encore, madame… Nous avons besoin de nous entretenir avec votre fils. Seuls.

— Je… Je vous attends dans le couloir. Je ne vais pas le quitter. Pas tant que…

La mère ravale un hoquet avant de s'échapper vers la sortie. Raide, les pupilles fixes, Dussart se laisse retomber sur le fauteuil. Ses lèvres se sont refermées sur des paroles inarticulées. Delage se tient debout à ses côtés tandis que Mathilde tire une chaise pour s'installer en face de lui. L'haleine du mari en état de choc dégage des fragrances aux notes de tête sirupeuses. *Il est bourré de médocs… C'est pas vrai ! Quoi qu'on en tire, ce ne sera pas exploitable.*

— Ça va aller, monsieur Dussart ? Vous voulez bien…

— Dites-moi qu'il est sain et sauf ! Vous allez le retrouver, hein ? Il est si petit…

Mathilde serre les dents, mordant la promesse qu'elle redoute de ne pouvoir honorer.

— Nous sommes là pour lui. Monsieur Dussart, avez-vous des raisons de croire que quelqu'un pourrait vouloir du mal à votre famille ?

— Non. Comment imaginer que… Non !

— Prenez le temps de réfléchir. Des altercations récentes ? Des coups de fil anonymes ? Votre femme vous aurait-elle confié qu'elle se sentait suivie ou menacée ?

L'homme se met à balancer la tête, mû par une oscillation pendulaire qui finit par se figer sur une expression atone. Ses mains tremblent sur ses genoux.

— Je sais que c'est pénible, mais essayez de vous rappeler ce qui s'est passé ce matin.

« Je suis entré, j'ai appelé… » Sur une musique lancinante, Dussart répète ce que Mathilde a déjà lu dans sa déclaration préalable. *Au mot près*… Mathilde laisse s'installer un silence. Le temps d'un clignement de paupières, elle réussit à accrocher le regard de Dussart et croit y voir danser une flammèche, aussitôt bâchée par le désespoir. Mathilde plisse les yeux, impuissante à déterminer la nature de ce qu'elle vient d'entrevoir. Si tant est que cette clarté fugitive ait existé.

— Chloé, je… Vous pensez qu'elle a souffert ?

Mathilde change de position sur sa chaise. Elle déteste devoir répondre à cette question. Laisser parler les morts par sa bouche équivaudrait à les trahir. Ceux qui affirment détenir ce pouvoir sont des crétins inconscients ou des imposteurs. Une microseconde suffit à concentrer la souffrance d'une vie. *Et il y a tant de manières d'avoir mal...*

— La mort a été instantanée. Revenons un peu en arrière. Si j'ai bien compris, votre femme et vous viviez séparés. Depuis combien de temps ?

Mathilde concentre son attention sur la main que Dussart passe dans ses cheveux et note que le tremblement s'est atténué.

— Environ un mois, c'était provisoire. Ce matin, j'étais venu lui demander de partir quelques jours à Londres avec moi…

Les paroles de Dussart sont avalées par un sanglot qu'il étouffe dans ses paumes. Le lieutenant Delage se racle la gorge. Le signal est adressé à son capitaine. Lorsque Dussart redresse la tête, Mathilde se tient derrière lui et Delage, buste en avant, vrille son regard dans le sien avec l'intention manifeste d'empiéter sur son périmètre intime. Dussart ne frémit pas. Sa respiration est régulière.

— C'est elle qui est partie, ou vous aviez décidé ensemble de cette séparation ?

Dussart entrecroise les doigts. Il laisse s'égrainer une poignée de secondes avant d'admettre que l'idée d'un break venait de Chloé et qu'il était d'accord pour la laisser s'installer dans la maison de sa tante. « Le temps de faire une pause. » Delage se grattouille le ventre. Sa femme lui a servi le même boniment quelques jours avant de vider sa penderie.

— Un mois, ça fait long… Comment vous expliquez ce besoin de prendre ses distances ?

— La fatigue… Quentin ne faisait pas ses nuits. Moi, j'avais la pression du travail. On se disputait pour des bêtises. Tout ça paraît si dérisoire…

Delage serre les poings et lui demande :

— Votre femme avait-elle rencontré quelqu'un ?

Avec calme, Dussart répond par la négative. Il réfute de la même façon entretenir une liaison.

— Vous étiez où hier soir ?

Dussart tressaille. L'instant d'après, ses yeux sont redevenus aussi brumeux qu'au début de l'entretien.

— Chez moi… J'étais chez moi, bien sûr.

— Vos difficultés de couple, continue Delage, d'après ce que vous venez de nous dire, elles ont coïncidé avec la naissance de votre fils…

Dussart se met à gémir le prénom de Quentin. Il semble n'avoir pas compris la question.

— Je sais que ce n'est pas facile, temporise le lieutenant en se mettant au diapason de la main de son capitaine. Votre femme, quand l'avez-vous vue pour la dernière fois ?

Les mâchoires du veuf se crispent, un soupçon de sueur perle à sa tempe. Mathilde ferme les yeux pour affûter ses pouvoirs olfactifs sans rien détecter d'autre que des parfums chimiques.

— Dimanche dernier… Quand je lui ai ramené Quentin, murmure Dussart d'une voix éraillée.

— Encore un ou deux points à éclaircir. Votre femme savait-elle que vous aviez l'intention de passer ce matin ?

— Non, c'était une surprise.

— Comment pouviez-vous être certain qu'elle serait à la maison ?

— Je l'avais appelé la veille. Elle n'avait rien prévu de spécial.

— Donc, malgré « cette séparation provisoire », vous gardiez de bonnes relations ?

— Chloé et moi, on s'aimait.

Dussart est en arrêt sur image. Mathilde en profite pour se livrer à une inspection physique plus poussée. Il est grand et solidement charpenté. Son nez busqué ainsi que son menton carré et proéminent suggèrent la force de caractère, voire l'autorité. Pas vraiment beau, non. Mais si l'on fait abstraction de son teint crayeux et de ses yeux rougis, il se dégage de lui une virilité assumée. Une impression qui entre en dissonance avec sa posture de boxeur sonné. *Il n'est pas là et il a encore de la présence. Il a un truc… un charisme animal qui doit plaire aux femmes…* Mathilde ne sait plus quoi penser de l'homme qui lui fait face sans la voir. *Sauf peut-être qu'il a fait un sans-faute. Ce qui dénoterait un sacré contrôle. Et sur le sujet, tu en connais un rayon…*

Un coup toqué à la porte, suivi de l'apparition d'une blouse blanche, met fin à ses interrogations. D'un hochement sec du menton, Mathilde renvoie son assentiment au médecin et se campe devant Dussart.

— Pour cette nuit, votre état vous interdit de quitter l'hôpital. Demain, nous prendrons votre déposition. C'est entendu, monsieur Dussart ?

Vincent Dussart acquiesce d'un air absent. Dans le couloir, sa mère, Géraldine, se triture les doigts en sautillant sur place. Par instants, elle semble sur le point de perdre l'équilibre. Delage fronce les sourcils, Mathilde lui répond d'un soupir. Aucun des deux n'est dupe. La mère n'a pas perdu une virgule de leur conversation. C'est avec la meilleure volonté du monde et autant de maladresse qu'elle répond à son tour à leurs interrogations. Les éléments qu'elle leur livre sont généraux et superficiels. Mathilde comprend que Géraldine a été satellisée à la périphérie de la vie de Vincent. La mère ne sait rien du fils. C'est la seule information utile qui se détache de cet échange, aussi décide-t-elle de l'abréger.

Dans le hall du CHR, l'enquêtrice contacte la DIPJ et demande que deux agents soient envoyés en urgence pour être postés devant la chambre de Dussart. Mathilde arbitre en faveur de la sécurité et choisit de les attendre. Innocent ou coupable, Dussart ne leur filera pas entre les doigts en raison d'une maille tricotée trop large.

Accompagnée de Delage, Mathilde franchit le sas d'entrée et offre son visage au vent fraîchissant. Elle vomit ces univers aseptisés aussi sûrement que la puanteur de la menthe. Une nostalgie à l'arrière-goût aigrelet la saisit. C'est dans l'un de ces endroits que sa mère finit d'user ses jours, après avoir creusé son ab de cure en cure. *Des cures qui ne l'ont guérie d...* Lorsque Mathilde était enfant, c'est ainsi que sc re désignait ses séjours. Sous le vernis de la pudeur le la bienséance, la vérité est abrupte. Instable, fra, dépressive, Laure Sénéchal a traîné son mal-être divans en établissements spécialisés jusqu'à élire don cile dans une de ces cliniques haut de gamme offran des camisoles de satin à de riches folies. Mathilde n'a conservé aucun souvenir d'une maman *d'avant*. Elle lui a toujours connu ce sourire effiloché, cette présence brodée d'excuses lors de ses rares accostages. La violence est là, dans le vide de velours de cette non-présence. Pourtant, certaines photos attestent de l'existence de ces bribes de bonheur qui font le sucre et le sel d'une vie de famille banale. Quand Mathilde les examine, elle n'éprouve ni sensation de vécu ni émotion. Comme si, à force d'être compressé par les sentiments d'abandon et de perte, tout cela s'était pétrifié au point de résister à la mélancolie. Si l'exercice de la mise à distance et de la rationalisation a sauvé la petite Mathilde, il a transformé le capitaine Sénéchal en muraille. En tournant volontairement le dos au bâtiment, elle prend conscience du poids qu'elle trimballe.

— Dussart, qu'est-ce que tu en penses ?

— J'sais pas trop..., grogne le lieutenant. Cette histoire de séparation à l'amiable, c'est pas bien net ou c'est moi qui...

Delage shoote dans une canette vide. Depuis que sa femme s'est fait la belle, son arme de service dort dans le tiroir de son bureau. Lorsque Dédé imagine le banquier en train de lutiner la mère de ses enfants, vient un goût de sang dans la bouche et l'envie ressible de tirer dans le tas. Mieux vaut ne pas er le diable. Déjà qu'il côtoie ses sbires à longueur journée !

Mathilde agrippe le bras de son lieutenant dont le egard prend la tangente.

— Ça va aller, Dédé ? Tu tiens le choc ?

— Quand même, élude Delage, supprimer son propre gosse…

— Écoute, je sais que tu traverses une passe difficile et je comprends que…

La sonnerie du portable coupe court à une discussion qu'aucun des deux ne souhaite poursuivre. Delage parce qu'il en a assez de coiffer les cornes du cocu de service et d'endosser le costard du gars à plaindre. Mathilde, parce qu'elle n'aurait pas su comment réagir si Dédé s'était répandu en vague à l'âme.

La voix de Lazaret grésille dans le haut-parleur.

— Mathilde, les gars que tu as demandés seront là dans cinq minutes, dis à Dédé de les attendre. Toi, tu files au 17, rue du Bois pour superviser des fouilles. C'est à moins de trois cents mètres de la scène de crime.

13

Lille, boulevard de Turin, siège de CREDICO

Sqalli refuse la boisson que lui propose la secrétaire de Molina, DG de la société de crédit où Vincent Dussart occupe les fonctions de DRH. Dès la première seconde, le type lui a rebroussé le poil et il sait pourquoi. Les cheveux mi-longs et le phrasé aussi lustré que ses mocassins de luxe, le cadre sup est le copié-collé de l'entrepreneur en e-business que sa sœur a épousé et qui ramène sa fraise et son fric à chaque réunion de famille. Avec sa paye de flic et son statut de fonctionnaire, Sqalli est devenu une cible de choix pour ce parvenu du virtuel qui ne rate pas une occasion de le rabaisser, avec l'air, en plus, de ne pas y toucher. Une purge. Ce beau-frère, Sqalli l'a aussitôt rebaptisé « l'autre con », un surnom dont depuis lors, il affuble tous les ostrogoths de son acabit. Dans le monde actuel, force est de constater que les « autres cons » sont légion et il s'en trouve toujours un pour reprendre le flambeau de la suffisance. Molina, c'est du cinq étoiles. Les quelques minutes d'entretien n'ont rien appris à

Sqalli, excepté que le patron de Dussart manipule la langue de bois comme d'autres le nunchaku. Il brasse de l'air avec beaucoup d'effets. Au chapitre sincérité et aptitude à susciter la confiance, on repassera. Clair qu'il n'est pas à l'aise dans la discipline. Malgré une utilisation abusive de mots à connotation sentimentale, Molina est doué de l'empathie d'un podomètre. De Vincent Dussart, il a fait une présentation qui doit correspondre mot pour mot à sa description de poste. Corporate, bienveillant ET exigeant, doué du sens de la médiation, compétent, blablabla… Rien de personnel. « Vincent ne parle jamais de sa vie privée au travail. Jamais. Des liaisons au bureau ? Non, c'est inimaginable. »

— Et vous avez remarqué un changement de comportement chez lui ? Disons, depuis environ un mois ?

— Euh, pas que je sache. Attendez… Il y a peut-être cette proposition de mutation dans une de nos filiales. Maintenant que vous le dites, sa réaction a été inattendue.

— C'est-à-dire ? Soyez plus précis.

— Vincent espérait une promotion, méritée, je dois dire. Quand je l'ai informé que notre président avait pensé à lui pour prendre la direction d'une nouvelle unité à Nancy, je pensais qu'il se réjouirait…

— Et ça n'a pas été le cas ?

— Il a accueilli la nouvelle plutôt froidement.

— En clair, il a refusé ou il a accepté ?

— Il a accepté, évidemment ! Ce n'est pas le genre d'offre qui se décline, voyons ! Mais je dois dire que je m'attendais à ce qu'il exprime plus de… de reconnaissance !

Sqalli hésite à lui demander s'il espérait un léchage de pompes en règle sur l'air de « Merci patron ». Au lieu de quoi, il lui sert le sourire le plus faux cul qu'il ait en réserve, cuvée spéciale « l'autre con » et demande à rencontrer la prochaine personne sur sa liste.

À l'issue de sa dernière entrevue, Sqalli est perplexe. Il vient d'obtenir autant de descriptions de Dussart que d'interlocuteurs rencontrés. « À l'écoute et conciliant », selon le président du comité d'entreprise, « rigoureux et inflexible » d'après le directeur financier, « humain et proche » à en croire ses collaborateurs directs. Parmi les membres de l'équipe de Dussart, justement, son adjointe a été la plus enthousiaste. À ses minauderies et aux superlatifs employés à l'évocation de son supérieur hiérarchique, Sqalli a pensé qu'elle était mûre pour une galipette à la photocopieuse, si ce n'était déjà fait. Une vraie Moneypenny, la miss. Il a aussitôt demandé à un agent de vérifier son alibi.

On ne se méfie jamais assez des femmes amoureuses.

Un seul bémol à ces portraits croisés, celui de la blonde boulotte à l'accueil qui a exprimé un mauvais feeling à son égard sans parvenir à l'objectiver. Après réflexion, Dussart lui a rappelé un ex-petit ami qui ne lui a pas laissé que de bons souvenirs. Dans le fil de la discussion, Sqalli a appris que, d'après la rumeur, la mutation de Dussart à Nancy serait un stratagème de Molina pour se débarrasser d'un rival dont l'intelligence fait de l'ombre à sa médiocrité. Au chapitre des parties de jambes en l'air, la standardiste a été catégorique. Si Dussart a du succès auprès des femmes, il n'est pas homme à mélanger les genres : *no sex in job*.

En quittant le monde feutré et foutrement hypocrite de CREDICO, hypothèses et interrogations fusent dans l'esprit de Sqalli. Si Dussart n'a pas sauté de joie à l'annonce de sa nomination à Nancy, c'est qu'il visait la place de Molina, non ? Et Chloé dans tout ça ? Était-elle au courant de ce transfert vers l'Est ? Ce sujet était-il au centre de leur embrouille ? Et si cette annonce avait placé l'ambitieux devant un dilemme : poursuivre sa trajectoire professionnelle ou sauver sa famille de l'éclatement ?

Le lieutenant secoue la tête et se met à courir. Ses jambes d'athlète martèlent le sol en cadence tandis qu'il tente de donner un sens aux éléments qu'il vient de recueillir. Parvenu devant l'immeuble de la DIPJ, Sqalli ne sait toujours pas qui est Vincent Dussart. Ou plutôt combien ils sont.

14

17, rue du Bois

Front buté, Couturier gémit en se tordant les doigts.

— Puisque j'vous dis qu'y a erreur sur la personne ! J'la connais pas, moi, votre Chloé Dussart ! Et son fils encore moins ! J'ai rien à y voir, moi, avec c't'affaire !

L'homme porte un survêtement souillé d'auréoles brunâtres. Sa carte d'identité indique qu'il est âgé de 32 ans, mais son corps grassouillet le fait paraître plus jeune. Debout sur la dernière marche d'un escalier extérieur, encadré de deux brigadiers, il observe la chorégraphie des flics déployés dans son jardin. En fait de jardin, il s'agit plutôt d'un terrain vague d'une soixantaine de mètres de long sur cinq de large qui prolonge l'arrière de la maison. Le sol est encombré des dépouilles rouillées d'appareils ménagers dont les silhouettes se détachent tels d'inquiétants totems à la faveur des faisceaux lumineux. Çà et là, des planches en décomposition hérissées de clous, des monticules de gravats et des touffes de chiendent.

— C'est ma voisine qui a appelé, c'est elle, hein, j'parie !

Ses gardes lui opposent un silence dégoûté.

— Ici ! J'ai besoin de plus de lumière !

Trois lampes torches cardent l'obscurité et convergent vers la masse d'un réfrigérateur appuyé de guingois contre le mur du fond. Collée contre son flanc et accroupie, Mathilde raffermit sa prise sur sa Maglite et éclaire le sol. *Ce n'était qu'une question de temps... Tiens bon et reste concentrée.* En reniflant Couturier, elle a su. La maison entière est imprégnée de remugles douceâtres. Dans l'esprit de Mathilde, la mort prend une forme serpentine et la couleur du pus. Sur chaque arpent du jardin, l'odeur rampe et s'enchevêtre en tas compacts et grouillants. Il a suffi de se laisser guider.

Alentour, les conversations ont cessé. Chacun retient son souffle, tiraillé par des sentiments contraires : l'excitation de la découverte et le rejet, viscéral, de ce qu'ils sont venus exhumer.

— Vous voyez, cette marque ? Y a pas longtemps que ce frigo a été déplacé.

Le souffle court, Mathilde hèle deux hommes.

— Vous soulevez, vous ne tirez pas. Je veux qu'on dérange le moins possible cette zone.

Depuis son poste d'observation, le propriétaire des lieux baisse la tête, sa respiration s'est accélérée, ses joues et son cou sont marbrés de rouge. En dépit de la répugnance que lui inspire ce contact, le brigadier lui appuie brusquement sur l'épaule pour le contraindre à s'asseoir. L'homme s'avachit sans protester. Mutique, les deux mains plaquées sur ses oreilles, Couturier incline son buste d'avant en arrière.

À cinquante mètres de lui, l'espace a été libéré, révélant un carré de terre nue et tendre où se tortillent des vers de terre. Avec douceur et minutie, deux agents sondent le sol. La pestilence qui s'en dégage s'intensifie. Bien que familière, elle continue de leur étreindre tripes et cœur. Une tombe. Dix minutes plus tard, un sac de plastique noir repose sur les bords de l'excavation. Il est encore fermé. Le capitaine Sénéchal le fixe. Son expression est impénétrable, mais les jointures de ses mains ont la blancheur de l'os.

Cinq secondes. Juste cinq secondes et après tu l'ouvres.

En évaluant sa taille et la forme de son contenu, tous les policiers présents ont procédé au même calcul mental. Combien mesure un bébé de trois mois ?

15

DIPJ

Muller a provisoirement abandonné son poste au centre de triage des appels pour étudier les enregistrements fournis par l'agence immobilière située entre la cité Franchomme et le Marché U. Suite à des actes répétés de vandalisme, un discret système de vidéosurveillance a été installé à l'intérieur des locaux. Aux heures de fermeture, les abords du bâtiment, dont le parking de la supérette, sont sous haute vigilance. Le propriétaire des lieux s'est manifesté après l'appel à témoins.

La jeune femme vient d'isoler le film de l'arrivée de Vincent Dussart et le *time code* indique 13 h 25, ce qui correspond à ses déclarations. La façon dont le mari a arrangé sa mise et son regard dans le reflet de la vitrine ont titillé chez Muller un sentiment de déjà-vu. Elle a visionné la séquence trois fois consécutives sans parvenir à le nommer.

Frustrée, Muller redémarre la lecture à partir du dimanche 19 heures, soit une heure avant l'estimation basse communiquée par le légiste. En élève appliquée, elle commence par noter les numéros des plaques d'immatriculation des voitures en stationnement. Quand elles sont illisibles, elle inscrit le modèle, la couleur du véhicule ainsi que ses signes distinctifs. Elle procède à l'identique pour les personnes. La nuque raide, Muller se frotte les paupières, avec une désagréable impression de crissement. L'horloge indique 20 h 32 lorsqu'une Mégane entre dans le champ de vision de la caméra. Elle la reconnaît instantanément. Un peu moins de douze heures plus tôt, elle était garée exactement au même emplacement. Son conducteur est Vincent Dussart. Malgré une qualité de définition passable, Muller est aux premières loges. Dussart baisse le pare-soleil et replace une mèche de ses cheveux. Son premier réflexe est d'ouvrir la portière, puis il se ravise. Il consulte l'heure à son poignet. Ses lèvres s'agitent. Muller plisse les yeux et agrandit l'image. Dussart ne porte pas d'oreillette et parle vraiment tout seul. Si elle se fie à la gestuelle qui gagne en amplitude, le monologue du mari est animé. À deux reprises, Dussart serre le poing. À la troisième, il l'abat sur le tableau de bord. À 20 h 41, il quitte son véhicule, fait une dizaine de mètres sur le parking et revient sur ses pas, côté passager. Il se penche et ouvre la boîte à gants sans qu'il soit possible à Muller de distinguer s'il y prend ou s'il y range un objet. Il verrouille à nouveau la Mégane, s'éloigne et sort du cadre en empruntant la direction opposée à celle de la cité Franchomme. Bien sûr, rien ne l'empêche de traverser la rue pour repartir dans le sens contraire en feintant la caméra.

Muller trépigne. Elle fait craquer chaque articulation de ses dix doigts. À l'heure du crime, le mari est à moins de cent mètres du domicile de sa femme ! C'est le scoop de la journée. Plutôt que de se ruer dans le bureau du chef de groupe, comme elle en crève d'envie, Muller respire par le ventre, prenant modèle sur Sénéchal. À cet instant, elle doit bien s'avouer qu'elle rêverait d'en posséder le sang-froid. La Mégane en point de mire, Muller fait défiler les images en vitesse accélérée. Stop. 21 h 25.

La jeune brigadière laisse éclater son désappointement. Dussart ne porte aucun « colis » suspect. Sa démarche est pressée et les remuements saccadés de ses bras sont symptomatiques d'un état d'agitation. Nulle trace de Quentin. Même avec de l'imagination, impossible de suspecter que le père puisse dissimuler le nouveau-né sous sa gabardine. À 21 h 27, la voiture a quitté le parking.

Muller se met à réfléchir à vitesse accélérée. Que Dussart soit revenu les mains vides ne signifie rien d'autre que cela. Coupant court aux scenarii qui se bousculent dans sa tête, elle se redresse d'un bond et file prévenir Lazaret. En posant la main sur la poignée de la porte, ses prunelles s'illuminent. Muller se frappe le front. Dussart en train de se contempler dans la vitrine, elle sait où elle a déjà observé cette attitude. Avant le lever de rideau, le prof de théâtre dont elle était raide dingue prenait une pose identique. Elle entend encore sa voix de basse aux accents hypnotiques. « Jouer un rôle, Sylvie, ce n'est pas enfiler un costume, c'est endosser la psyché de ton personnage. C'est par ses yeux que tu dois voir. Dans la glace, c'est lui qui te fixe. » L'énigme reste entière. Au jeu du miroir, qui Dussart a-t-il vu ?

16

17, rue du Bois

Narines pincées, l'agent laisse échapper une exclamation écœurée.

— Qu'est-ce que c'est que cette saloperie ?

Mathilde respire par la bouche. Le sac contient un chien de petite taille dans un état de putréfaction avancée. À l'intérieur de son abdomen béant, quatre fœtus presque à terme, encore reliés par leur cordon ombilical. *Quel putain d'être humain peut... Si le petit... Chut ! Stop. Tu dois garder la tête froide.*

— Un teckel, je dirais. Continuez à chercher. Retournez le jardin et la maison s'il le faut. Je veux des certitudes.

Durant l'heure qui suit, sept nouvelles fosses d'âges différents sont mises au jour. Chats, chiens, Couturier ne semble pas éprouver de prédilection marquée, exception faite d'un goût récurrent pour l'éventration et les brûlures à la soude. Pas d'enfant. Le suspect n'a plus proféré un son depuis l'exhumation du premier cadavre. Mathilde lui a signifié ses droits ainsi que les termes de sa garde à vue. L'homme, dont le casier mentionne trois condamnations pour violences, sera interrogé par l'équipe désignée pour reprendre l'affaire et présenté au parquet dans la foulée.

Au moment où elle s'apprête à rejoindre son véhicule, Mathilde aperçoit une femme qui lui fait signe depuis le perron du numéro 15. Couturier avait vu juste. C'est bien sa voisine qui a composé le numéro de l'appel à témoins pour dénoncer ses travaux de jardinage nocturnes. La première impulsion de Mathilde est de l'ignorer. *On a déjà assez perdu de temps...* La vieille dame trottine à sa rencontre. L'angoisse qui contracte ses traits convainc Mathilde de lui accorder quelques minutes d'entretien.

— Alors, inspecteur ?

Mathilde ne relève pas. Au vu de sa permanente aux reflets mauves et de son style vestimentaire suranné, la mamie répond au stéréotype des fans de l'inspecteur Derrick. Autant essayer de vider l'océan à la petite cuillère.

— Non, madame Pruvost, ce n'est pas l'enfant.

Et heureusement ! S'il était tombé dans ses pattes...

— Vous avez trouvé quelque chose, hein ? Je vous ai vus depuis la fenêtre du premier étage…

— Écoutez, madame, l'enquête est en cours et…

— S'il vous plaît, insiste-t-elle, est-ce qu'au moins vous pouvez me dire s'il y avait un chien, un petit chien marron ?

Avant que « l'inspecteur » ne lui oppose un nouveau refus, elle tire une photo de la poche de sa veste et la lui tend.

— C'est Cannelle, elle attendait des petits, ça fait deux jours qu'elle a disparu.

Pruvost interprète le silence de son interlocutrice comme un « oui ». Derrière les lunettes embuées, ses yeux vifs alternent tristesse et colère.

— Il lui a fait du mal ? Elle a souffert ?

Mathilde prend sur elle pour ne pas lui voler dans les plumes. *On cherche un bébé et elle, la seule chose qui la préoccupe, c'est son satané clébard !*

Le masque qui durcit le visage de l'enquêtrice n'échappe pas à la sagacité de la maîtresse de Cannelle.

— Non, non, non… C'est pas ce que… Je vous assure que je l'ai vu transporter un sac, exactement comme je l'ai dit au standard ! Depuis que Cannelle a disparu, je n'arrive pas à dormir. Et ce jeune, il est pas net, alors j'aime autant l'avoir à l'œil… Dites, il va pas s'en tirer comme ça, quand même ! Et comment je vais faire quand il va revenir, hein ? Aujourd'hui il tue des chiens, et demain ?

Après la rage, Mathilde sent les fourmillements de la commisération lui ramollir l'âme. Son regard se porte au-delà du petit visage de pomme fripée et frotté au savon de Marseille.

— Pour cette nuit et demain, il sera dans nos locaux. Quant à vous, vous serez convoquée pour effectuer votre déposition. Tâchez de vous reposer. La suite est entre les mains de la justice.

— Pff, si c'est censé me rassurer…

Mathilde se détourne en ignorant cette dernière pique. C'est la limite de son métier, elle intervient une fois le délit constaté. Avant, ses moyens d'action sont nuls. Dans le cas de Couturier, bien qu'elle déplore le timing, elle juge l'inquiétude de la voisine justifiée. Hormis plier bagage ou vivre en calfeutrant ses bêtes, s'il lui en reste, Pruvost ne dispose d'aucun recours. Et même dans le cas où elle déciderait de déménager sa peur, le « tortionnaire en jogging » deviendrait le problème d'un nouveau voisin.

Mathilde soupire en s'ébouriffant les cheveux. *Ce type est une bombe dégoupillée... Ça ne finira donc jamais. Allez, c'est pas le moment de faiblir ou de philosopher. Ta priorité, c'est Quentin. Une chose après l'autre.*

En claquant la portière de la voiture, elle sait que sa journée viendra empiéter sur sa nuit. À moins que ce ne soit l'inverse. Du cauchemar à la réalité, la ligne de démarcation se désagrège. A-t-elle seulement existé ? Mathilde ne voit plus qu'un inquiétant entre-deux.

Partout, les monstres sont chez eux...

17

Vieux-Lille

Par le truchement du miroir, Delage détaille le couple qui se pelote des yeux. Il se demande si un mari crédule attend cette femme-là quelque part et quels bobards elle lui a tricotés en guise d'alibis. Le mariage et ses serments, vieillir ensemble, il y a cru. Dur comme fer, le couillon. En sortant, il bouscule l'inconnue sans un mot d'excuse. L'ascenseur se referme sur des protestations indignées et il se sent plus minable que jamais. Les épaules basses, le lieutenant arpente le palier en vérifiant les noms des locataires. La femme qui lui ouvre porte ses cheveux blonds lâchés en lianes légères. Une coiffure juvénile qui détonne avec un visage aux traits passés dont le modelé a perdu la tonicité de la jeunesse. Sa bouche, fardée d'orange et redessinée au pinceau, s'affaisse aux commissures.

— Nathalie Frémaux ? Lieutenant Delage, je…

— Entrez, entrez.

Elle guide l'enquêteur jusqu'au salon. Dans son sillage planent des notes fraîches de fleurs et d'agrumes.

Une bougie aux essences capiteuses se consume sur la table basse. Delage déteste instantanément l'ambiance tiède et sucrée qui règne dans l'appartement. Sa propre odeur l'incommode. Il se sent sale. Amer à l'idée qu'une douche ne suffira pas à le laver de sa journée. Celle prise douze heures plus tôt ne l'a pas débarrassé de la crasse des précédentes. En prenant place sur le canapé douillet, Delage pense que le petiot est peut-être quelque part, dehors, dans l'humidité et le froid, et qu'il ne passera pas la nuit.

— Bon, embraye-t-il en sortant un carnet de notes de sa poche, vous êtes une collègue de Chloé Dussart, vous travailliez toutes les deux au Printemps, c'est bien ça ?

D'une voix enfantine, Frémaux explique qu'elle était la marraine de Chloé à son arrivée dans l'entreprise.

— Elle n'avait plus de famille, enfin, à part sa tante, celle qui lui a prêté la maison. Ses deux parents sont morts et elle est fille unique. Elle était devenue comme ma petite sœur…

Le menton tremblotant, Frémaux se tamponne les yeux.

— Excusez-moi. C'est dur, vous savez.

Le lieutenant dodeline de la tête. Le regard de Frémaux vacille dans les ondulations de la flamme.

— Donc, vous étiez proches, conclut Delage avec douceur. Cette séparation, qu'est-ce que vous en savez ?

— C'est-à-dire que…

À nouveau Frémaux s'interrompt et se mordille l'intérieur des lèvres.

— Madame ? Il est malheureusement trop tard pour Chloé, mais pour Quentin, chaque seconde perdue…

— Il y a un mois, Chloé m'a dit qu'elle avait besoin de faire le point sur son mariage. Pour tout dire, je suis tombée des nues.

— Pourquoi ça ?

— Quand Quentin est né, ils avaient l'air si heureux ! Il n'y a pas eu de signes, enfin, je n'ai rien vu venir… J'ai questionné Chloé mais c'était clair qu'elle n'avait pas envie d'aborder le sujet. Il y a une semaine, elle m'a demandé les coordonnées de l'avocat qui s'est occupé de mon divorce. Je lui ai dit que tout ça allait trop vite, que j'étais là si elle avait besoin de parler. Elle… Elle m'a envoyée promener.

— Elle avait rencontré quelqu'un ?

Frémaux ouvre les mains, paumes vers le ciel. La mort de Chloé a gommé ses certitudes.

— Son mari, vous savez s'il était au courant de ses intentions ?

En formulant sa demande, Delage se revoit en train de lire le mot laissé par sa femme sur la table de la cuisine. Sa question est stupide : les maris sont rarement les premiers informés.

— Je n'en sais rien. Je ne sais plus rien.

— Vincent, il était comment avec elle ?

— Je l'ai toujours vu charmant et attentionné envers Chloé. Depuis qu'elle avait emménagé cité Franchomme, chaque jour, il lui faisait livrer une rose rouge…

Delage plisse les yeux, ceux de Frémaux s'agrandissent. L'un et l'autre ont eu la même pensée. Ces fleurs cocottent la culpabilité.

— Et avec son fils, ça se passait bien ?

— L'idée qu'il puisse lui faire du mal ne m'a jamais effleurée, si j'avais…

Du mouchoir que Frémaux torture depuis le début de l'entretien, il ne subsiste que des lambeaux.

— C'est, c'est inimaginable…

Delage grimace. Ce que les gens « normaux » ne peuvent concevoir constitue l'essentiel de son quotidien. Les salauds sont plus créatifs que la moyenne.

— Comment décririez-vous ses relations avec Marie-Pierre Foulon, sa tante ?

— Chloé l'adorait. C'est Marie-Pierre qui lui a proposé d'emménager dans cette maison. Faut dire qu'entre Marie-Pierre et Vincent, c'était poli, mais pas non plus l'entente cordiale.

— Ah oui ? Et pourquoi ?

— Quand Chloé s'est mariée, Marie-Pierre s'est sentie mise à l'écart. Et Vincent la trouvait un peu envahissante. Elle faisait un peu sa belle-mère, quoi.

— Au travail, avant son congé maternité, Chloé a-t-elle eu des histoires ? Des disputes avec des membres du personnel, des jalousies, des clients trop collants…

— Des collègues ? Vous pensez que… Non !

— On ne pense pas, soupire le policier en sortant son téléphone, on cherche. Même s'il s'agit de broutilles, donnez-moi tous les noms qui vous viennent à l'esprit.

En dépit de ses réticences, Frémaux fournit cinq identités que Delage communique aussitôt aux membres de son groupe. Un vigile amoureux, un manager des ventes aux mains baladeuses, une vendeuse caractérielle, une deuxième à la langue bien pendue et une troisième « pas toute seule dans sa tête ». Derrière les vitrines chics, c'est la même ménagerie foutraque que partout ailleurs.

— Merci beaucoup, madame Frémaux. Vous serez convoquée demain pour mettre votre déposition par écrit et…

— C'est vous que je verrai, lieutenant Delage ?

— Il y a des chances, mais je ne peux rien promettre.

— J'aimerais autant, je me sentirais plus en confiance.

— Voilà ma carte, bafouille Delage, surpris. Si jamais quelque chose vous revenait. Un incident, une anecdote, n'importe quoi, vous me téléphonez. Quelle que soit l'heure.

Le policier parti, Nathalie s'appuie contre la porte et se laisse glisser jusqu'au sol. Elle ne cherche plus à donner le change. Pour qui ? Son visage repose dans la paume de ses mains. Le contact chaud-mouillé de ses larmes la connecte avec sa peine. Elle se frotte les joues, les paupières, les lèvres, se barbouille de tout ce fard appliqué avec la minutie d'un rituel devenu absurde. Elle dissout les faux-semblants et se repeint de chagrin avec les doigts. C'est bon, ce goût de transgression. Elle se fout de ressembler à un clown triste. À cet instant, c'est très exactement ce qu'elle ressent. Dehors et dedans se fondent, et c'est comme se laisser traverser par l'harmonie d'un silence. Demain, c'est décidé, elle n'ira pas au boulot. Pas le cœur de jouer à « comme si ». Pas la force de s'imposer la violence d'un uniforme trop étroit pour contenir la tristesse présente et celles, plus anciennes, qu'elle a lacées dans le corset des conventions. Elle se coulera dans un pyjama de pilou. Elle marchera pieds nus. Se gavera de chocolat, de thé et de musiques mélancoliques. Sur le banc du couloir, un sac en papier décoré d'oursons laisse échapper ses frisottis de bolduc. Le cadeau pour le baptême de Quentin. C'était dans trois semaines. Elle devait être sa marraine. Elle ne sait plus à quels espoirs ou fables se raccrocher. Ce soir, Chloé lui est apparue comme une étrangère.

En bas de l'immeuble, Delage tend le bras pour réussir à faire la mise au point sur l'écran de son portable et combler ses lacunes sur le langage des fleurs. Il y apprend que les roses rouges, offertes en solitaire, sont des promesses d'amour unique et éternel.

18

A20, aire d'autoroute « Les champs d'amour »

Sur le parking, le téléphone collé à l'oreille, Orsalhièr fait les cent pas en attendant que son correspondant le reprenne en ligne. *Les champs d'amour... Les terres brûlées, oui !* La cacophonie des véhicules l'agresse, l'air qu'il respire l'irrite. Il y a quelques minutes, il est entré dans la boutique pour y acheter un casse-dalle et en est ressorti avec une baguette de pain mou et du saucisson rose sous vide. L'odeur de lait caillé et de suint de Jehan lui est remontée jusqu'au cœur et, avec elle, le bruit de la miche que l'on rompt et du bouchon qui saute. Il en aurait pleuré. En observant l'aisance blasée de ses congénères, il a pris conscience d'avoir perdu les codes et les repères d'un monde sous blister. *Carrément dépassé ! Inadapté...* Sa résolution a chancelé. *Et si tu te contentais d'envoyer ces fichiers et de passer un coup de fil ?* L'idée était tentante. Il l'a balayée d'une dénégation féroce. Non. Les données compilées, aussi précises soient-elles, ne sont que matière inerte. Les faits contenus dans son dossier sont insuffisants à rendre compte de la complexité de l'affaire. Ce qu'il souhaite partager est plus subtil, craquelures et aspérités à peine décelables, aussi éphémères qu'un postillon de rosée. Le flash d'une supplication, le SOS subliminal d'une micro-expression… Orsalhièr souffle, la main sur son ventre. La culpabilité y cogne à poings fermés. C'était il y a vingt ans. C'est maintenant.

La scie des cigales. Le bruit d'une détonation. Le lieutenant Orsalhièr se fige, fait demi-tour au ralenti. Se rue vers la maison, pénètre dans le couloir, grimpe les escaliers quatre à quatre, pousse la porte de la chambre conjugale. Le corps de Martin Laborde gît sur le lit. Du sang et de la matière cervicale ont giclé de l'arrière de son crâne, sa mâchoire en partie arrachée est suspendue à un tendon. Une seule question tourne en boucle dans la tête du jeune policier, preuve que sa raison a lancé un programme de sauvegarde pour éviter l'implosion. « Comment ça se fait qu'on n'ait pas trouvé ce putain de fusil de chasse lors de la perquisition ? » Il fait marche arrière dans un état second, compose le numéro de son service depuis le téléphone de l'entrée et donne des instructions avec le sentiment étrange d'assister à la scène de l'extérieur. Dans le jardin, un premier hoquet le secoue, mettant fin à son expérience de dissociation. Il tombe à genoux et vomit, larmes et bile mêlées, les deux mains plantées dans le gazon brûlé par le soleil d'août.

— Oui, je t'écoute, Romain.

La voix rocailleuse de son interlocuteur ramène Orsalhièr au moment présent. Le montagnard prend note de chacune des informations communiquées.

— Capitaine Mathilde Sénéchal, OK. Oui, je me souviendrai d'y aller avec des pincettes. Merci, vraiment, Romain. Je te revaudrai ça.

Au cours de son bref passage au sein de la police nationale, Orsalhièr s'est lié d'amitié avec Auriol, aujourd'hui commandant au SRPJ de Strasbourg. Depuis la clôture de l'enquête, c'est la première fois que les deux hommes abordent ouvertement le sujet. À l'époque, Auriol possédait déjà la faculté de ranger ses émotions personnelles dans des compartiments étanches comme on glisse les éléments de preuves sous scellés. « Ah, Pierrot ! Arrête avec cette histoire, elle va te bouffer la rate ! Le mec, il avait préparé son coup et il nous a tous enfumés. Faut passer à autre chose, mon pote… » Orsalhièr en a été incapable. Il a tenu trois mois supplémentaires avant de jeter l'éponge. Sa conception du métier n'a pas résisté à l'épreuve du réel. Plutôt que d'user ses idéaux, il a choisi de sauver sa peau et de prendre de l'altitude.

L'ex-flic se met au volant. *Tu fais ce que tu dois.* Il en va de certaines promesses comme des minerves. En les délaçant, c'est l'honneur qui rompt. *Quel genre d'homme peut encore marcher sans cette colonne vertébrale ? Et pour aller où ?* Tout en se remémorant les paroles d'Auriol, l'Ariégeois commence à élaborer sa stratégie d'approche.

« Sénéchal, j'aime autant te prévenir que c'est pas une marrante. À Paris, on l'avait surnommée Robocop. En tout cas, elle est réglo. Pas le genre à faire des coups tordus, tu vois ? Son truc, ce sont les preuves matérielles, les schémas logiques, la procédure. Pas d'approximation. Le feeling, les impressions, tu oublies. T'auras pas droit à une seconde chance. Je vais lui passer un coup de fil pour la prévenir de ta "requête". De collègue à collègue, ça peut aider. Hé, Pierrot ? Fais pas le con, hein ! »

Orsalhièr ne peut s'empêcher de sourire. La mise en garde d'Auriol est, mot pour mot, identique à celle de Jehan quand il l'informe de ses escapades en forêt à la poursuite de « l'ourrrs ».

Un ours auquel tu es le seul à croire.

19

DIPJ

Lazaret raccroche d'un geste plein de colère. Le médecin a été formel. Interdiction de réinterroger Vincent Dussart. « Après votre visite, il a fait une nouvelle crise et il est sous sédatifs. Pas avant demain matin et à condition que son état le permette. Je vous tiens informé. » Lazaret se contrefiche de la santé du père. Le fils, lui seul importe.

Les palpitations qui s'emparent de l'immeuble au gré des allées et venues pulsent jusqu'à l'intérieur de son crâne. Un étage plus bas, un groupe planche sur les numéros de téléphone localisés entre 20 heures et minuit dans le périmètre de la cité Franchomme. Si le détenteur du numéro est fiché, s'il peut être relié au couple, ou si ses mouvements sont suspects, il tire un ticket prioritaire. Les équipes qui partent en intervention croisent celles qui en reviennent. La liste des batailles perdues s'allonge sans que cela entame la détermination des troupes à s'engager dans la prochaine.

Le regard vide, Lazaret réajuste le combiné sur son support. Une petite voix intérieure y va de sa rengaine. Impossible d'y mettre une sourdine. L'enfant vivant, il n'y croit plus. Plus *vraiment*.

— Commandant ?

Sur le pas de la porte, Muller danse d'un pied sur l'autre.

— Si tu viens aux nouvelles pour Dussart, Sylvie, c'est mort pour ce soir.

— C'est au sujet des noms du Printemps fournis par Dédé. Il y a une collègue de Chloé qui est en arrêt maladie depuis deux mois pour dépression… Son téléphone était actif dans la zone dimanche soir, et entre 23 heures et minuit, le signal la situait au nord du bois de Boulogne. Son portable est coupé. Personne ne répond à son domicile.

En une fraction de seconde, Lazaret visualise le poumon vert de Lille, soixante-dix hectares bordés par le canal de la Deûle, ses plans d'eau, ses écluses et ses friches sauvages. Un cimetière géant. Il comprime ses tempes pour endiguer l'élancement qui vient de lui tronçonner le cerveau.

— J'appelle Franck et…

— … Je peux l'accompagner, enfin… Si vous êtes d'accord, commandant.

Les yeux bleus de Muller ne sont que supplication. Le vieux flic laisse échapper un demi-sourire empreint d'amertume et d'un zeste d'envie. Il donnerait cher pour troquer la tension dans ses cervicales contre l'excitation et la montée d'adrénaline qu'il perçoit chez l'élément le plus inexpérimenté de son équipe.

— Eh bien, file ! Qu'est-ce que tu attends !

20

DIPJ

Les odeurs de la ville et du tabac blond s'infiltrent par la porte-fenêtre entrebâillée. Sur le seuil du bureau, Mathilde observe le profil de Lazaret éclairé par les incandescences de sa cigarette. Les rougeoiements intermittents en soulignent les régions ombreuses, gribouillées de fatigue. Albert lui évoque une sentinelle oubliée veillant sur une province perdue depuis des lustres. *Fidèle au poste...*

— Viens, murmure-t-il sans se retourner, et referme derrière toi, j'ai la tête qui va exploser.

Mathilde le rejoint sur le balcon et s'accoude à la rambarde. Ses mains tremblent. Elle a un peu froid et les nouvelles qu'elle apporte ne sont pas bonnes.

— Tu as l'air crevé, Albert.

— Ça va passer… Je viens de me farcir le proc.

— Je compatis. Franck et Sylvie, on a un retour ?

— Pas encore arrivés. Et Dédé, il s'en sort ?

— Il interroge d'autres collègues de Chloé pour recouper avec les infos de Frémaux.

Lazaret pousse gentiment Mathilde de l'épaule.

— Vas-y, Mathilde, balance les news.

La jeune femme tend ses mains au-dessus du vide et soupire.

— Foulon, la tante de Chloé, vient d'appeler depuis son hôtel à Marrakech. Elle s'est fait voler son portable, ce qui explique qu'on n'arrivait pas à la joindre. Chloé comptait bien engager une procédure de divorce. Foulon avait entamé des démarches pour lui léguer la baraque et l'aider à prendre un nouveau départ…

— Donc, ça se confirme… La tante, elle connaît les raisons de Chloé ?

— Non, mais elle a Dussart dans le nez. Elle dit qu'il est exclusif et jaloux. Chloé étouffait. Enfin, c'est son interprétation.

Lazaret se rapproche de Mathilde, leurs bassins se frottent.

— La donne est en train de changer, Mathilde, tu sais ce que…

— … Oui, je me prépare au pire. Mais je veux continuer de croire que le petit est encore vivant. Jusqu'à preuve du contraire.

— On sera vite fixés. Ce soir avec la collègue de Chloé ou demain avec Dussart. Sans compter tous les lièvres qu'on lèvera dans l'intervalle. Tu décolles à 10 heures, Mathilde.

— Tu plaisantes ?!

— Rentre chez toi et ne commence pas à râler. Je veux que tu sois de retour et d'attaque à deux heures du mat pour prendre ma relève.

Mathilde effleure la grande main maigre de Lazaret. Le contact de cette peau parcheminée l'émeut.

Impossible d'ignorer les lézardes qui courent sur les joues du commandant et le noir lustré de son regard. Son double a pris un coup de vieux. L'air, soudain, lui manque. Elle résiste au désir de lui caresser le visage. La peur qu'Albert lise de la pitié dans son geste la retient.

— Bien, chef, mais en attendant, j'y retourne.

Ils se détachent l'un de l'autre. Mathilde glisse les mains dans ses poches. Lazaret lui donne une tape sur l'épaule et dépose un baiser sur son front. Les paupières de Mathilde se ferment, elle encapsule l'instant dans un arôme de cuir tanné et de bois bistre. Elle a moins froid à présent.

— Et tâche de te reposer un peu, hein ! Tu dors bien au moins ?

— C'est sous contrôle, t'inquiète.

En voyant s'éloigner la silhouette longiligne de Sénéchal, Lazaret a mal. Il aurait aimé pouvoir suspendre le temps et lui faire oublier quelques instants ce job qui les assèche. La réchauffer dans ses bras. Sa peau était si glacée… Lazaret frissonne, il reboutonne son manteau au moment où Mathilde se retourne. Ils échangent un léger signe des doigts, se sourient.

Leurs cœurs anorexiques se nourrissent de miettes.

21

Lille, quartier de Wazemmes

Adèle a été pirate à bord du Flying Dragon, exploratrice à la recherche des Cités d'Or, zoologue alpiniste sur les traces du Yéti, égyptologue chasseuse de momies, spéléologue le temps d'une incursion au centre de la Terre, pilote de chasse, de course, de navette spatiale, musher, grand reporter, révolutionnaire, résistante, espionne… Elle a vécu mille vies, sauvé le monde autant de fois, traversé d'improbables aventures sur terre, dans les airs, sous les mers, du pôle Nord au pôle Sud et même vers l'infini et au-delà.

Aujourd'hui, elle est archéologue. Au prix d'une chevauchée de cinq jours depuis Oulan-Bator, elle vient de rejoindre une vaste terre de pâture située à deux mille trois cents mètres d'altitude sur le mont Altaï. La montagne dorée, le peuple cavalier. Sa quête prend fin ici. Le sang des guerriers scythes orientaux et de leurs descendants coule aussi dans ses veines. Elle le sait, elle le sent aux galops de son cœur. La porte pourpre, richement décorée, s'est refermée.

Au-dehors, le vent lisse les herbes rases dans un dégradé qui file du vert Véronèse au bronze jusqu'à la lisière de l'horizon. Aux confins de la plaine, le ciel s'arque en un dôme de porcelaine pure. Les nuages goudronneux se massent en troupeau dans les hauteurs de sa coupole, sous la houlette d'un vent berger. Dans le ventre coloré de la yourte, un monde en soi, la délibération des sages vient de s'achever. Assise à même un patchwork de tapis, elle attend, bercée par les vapeurs de haschisch. À l'index dressé du chaman, deux vieilles femmes se lèvent et l'invitent à les suivre derrière le rideau d'une tenture. On lui tend une tunique de laine épaisse au centre de laquelle est brodé un mandala. De part et d'autre de son col, deux têtes de loup recouvertes d'une feuille d'or. C'est le signe. Demain, aux aurores, on la conduira jusqu'à l'objet de sa quête. Une sépulture enchâssée dans la glace depuis plus de deux mille ans. Sous le cercle parfait du kourgane[1], trois mètres sous le permafrost[2], dans l'isba qui fut sa dernière demeure, l'attend le roi scythe et son secret. Celui qui, elle l'espère de tout son cœur, pourrait changer le destin de l'humanité. Pour l'heure, la fête se prépare. Le fumet de la viande cuite dans les pierres brûlantes exhale sa promesse de satiété. À l'extérieur de la construction de bois et de feutre qui offre sa protection au clan réuni, la nuit a tissé sa toile déchirée de laitances lumineuses sur la steppe. L'air, en frottant les aiguilles

1. Tumulus de pierres recouvrant l'emplacement d'une tombe.
2. Sol dont la température se maintient sous 0° C durant plus de deux années consécutives.

des grands mélèzes, s'est mué en chanson. Les chevaux renâclent, les bêlements des moutons se mêlent à ceux des chèvres alpagas. Le hurlement d'un loup fuse jusqu'aux étoiles et s'étiole dans une plainte sourde. Un autre gémissement s'élève en stéréo. Et celui-là n'est pas produit par sa caboche.

L'intrépide archéologue allume sa lampe. La yourte est redevenue un vulgaire drap posé sur un étendoir parapluie. Elle referme le livre sur ses genoux et le dépose avec respect sur un dictionnaire à la reliure fatiguée. *Expédition archéologique sur la piste des légendaires Scythes*. Si les termes scientifiques lui causent bien des tracas, Adèle raffole des descriptions poétiques qui arment de fabuleux vaisseaux pour ses voyages imaginaires.

Adèle tend l'oreille. Cette fois, c'est sûr, le bruit provient de la cour.

Elle enfile un sweat par-dessus son pyjama, chausse ses tennis et ouvre la porte. Sa lampe torche perce les poches d'ombre du côté de la cabane qui fait office de local à poubelles. Elle s'y dirige à pas prudents.

Adèle n'en croit pas ses mirettes. Un grand chien est couché contre le mur. Sa fourrure est blanche, épaisse, et ses yeux clairs s'étirent à l'oblique. Exception faite de ses oreilles qui retombent, il présente une furieuse ressemblance avec son cousin sauvage, le loup.

— Qu'est-ce que tu fais tout seul, mon pauvre ? Tu es perdu ? On t'a abandonné ?

Adèle tend la main vers la tête de l'animal qui remue faiblement la queue. Sur sa patte avant droite court une entaille sanguinolente.

— Tu es blessé ! N'aie pas peur, laisse-moi voir, je vais m'occuper de toi, ne t'inquiète pas… Tout doux, mon joli, tout doux…

Le vrombissement d'une moto, Adèle met sa main en visière pour éviter d'être aveuglée.

— Nom de Dieu ! C'est toi, Adèle ? Qu'est-ce que tu fiches dehors à une heure pareille !

— Viens m'aider, s'il te plaît ! Mais ne crie pas et ne fais pas de mouvement brusque, hein, tu pourrais l'effrayer !

Mathilde lève les bras en pestant.

— Oh non ! Ne me dis pas que tu as ramené cette bête ici !

— Je te jure que non ! Il est venu tout seul et il est blessé en plus, on peut pas le laisser comme ça, Mathilde, je…

— … Non, non, non, et non ! Et puis elle est où ta mère, hein ?

Adèle abaisse les paupières sans répondre. Mathilde regrette aussitôt sa question. *Elle est sortie, bien sûr ! Elle va rentrer encore à pas d'heure, va savoir encore dans quel état et, pendant ce temps, elle laisse sa gamine se débrouiller seule…*

— Écoute, Adèle, tu ne peux pas le garder, JE ne peux pas le garder. Je vais devoir repartir dans la nuit et crois-moi, j'ai d'autres choses à penser ! On va lui donner à manger et on va le mettre dehors. Il est perdu mais il va retrouver son chemin…

— … Puisque je te dis qu'il est blessé, il ne peut même pas marcher ! C'est pas possible de s'en débarrasser comme ça, ce serait… ce serait vraiment… vraiment dégueulasse !

Mathilde s'accroupit à côté d'Adèle dont elle caresse les cheveux. Le chien lance un regard méfiant dans sa direction.

— Réfléchis deux secondes, c'est une sacrée responsabilité. Si on le garde ne serait-ce que ce soir, il se passe quoi demain ? Et après-demain ? Et s'il faut le conduire à un refuge, chez le véto, ou faire les démarches pour tenter de retrouver son maître ?

— Ouais, alors si je comprends bien, parce que tu ne sais pas comment gérer pour demain, ça te donne une excuse pour ne pas faire ce qui est juste aujourd'hui ! C'est carrément nul, ton raisonnement !

Là, Adèle, tu marques un point.

— OK, voilà ce que je te propose. Tu vas me laisser examiner sa blessure et on va le soigner avec les moyens du bord. Mais demain, moi, je ne peux pas du tout m'en occuper et dans les prochains jours, ça risque d'être compliqué aussi…

— Tu es sur l'affaire du bébé qui a disparu ? J'ai entendu l'appel à témoins à la télé, ce soir. Des choses aussi moches, ça devrait juste exister dans les films d'horreur.

Mathilde Sénéchal acquiesce sans mot dire. *Est-ce qu'il reste quelque chose à sauver de cette journée et de celle qui va suivre...*

Dix minutes plus tard, la patte du rescapé est désinfectée et bandée, et il a la truffe plongée dans une gamelle.

— C'est une toute mini égratignure… C'est pas ça qui l'empêche de marcher, tu sais.

— Ouais, peut-être. N'empêche que s'il est venu jusqu'ici, c'est pas un hasard. Les signes, ça compte.

Des fois, ça peut changer la vie, ajoute Adèle en bâillant.

— Je ne vais pas avoir une discussion philosophique avec toi au beau milieu de la nuit. Le signe évident, c'est qu'il est plus que temps que tu ailles au lit, et moi aussi ! Pour demain…

— Je m'en occupe, t'as pas de souci à te faire. Je suis assez grande pour prendre soin de moi, lui, c'est rien, je t'assure. Au contraire, il me tiendra compagnie. Juste, si tu croises maman et qu'elle te demande pour le chien, tu lui diras que c'est le tien, hein ?

— Tu abuses, quand même !

— Mathilde, s'il te plaît ! Elle osera rien dire si je lui dis que c'est le tien…

— Bon, on verra. Mais ne crois pas qu'il va faire de vieux os ici. Dès que j'ai un moment…

Mathilde n'a pas le temps de finir sa phrase qu'Adèle lui saute au cou en lui claquant un baiser sonore.

— T'es le flic le plus cool que je connaisse !

— Dépêche-toi de rentrer ou je te colle en cellule.

De retour chez elle, Mathilde traîne quelques minutes en surveillant que, du côté de sa petite voisine, l'extinction des feux est effective. Au premier étage, une lampe clignote trois fois de suite et une frimousse mutine apparaît à la fenêtre. Elle est traversée par un immense sourire. *Cette mioche a le don de te faire tourner en bourrique.* La jeune femme se désole que le monde soit assez laid pour enfanter des ogres. Le flic en elle s'étonne qu'il soit encore assez fécond pour donner naissance à des Adèle. Bras en croix sur son lit, le capitaine Sénéchal fait l'inventaire des événements de la journée. *Est-ce qu'on a raté quelque chose ? Quoi ?*

Qui ? Où ? Le scintillement furtif dans les prunelles de Dussart vient ponctuer ses questions en suspens. *Merde, Mathilde, faut que tu fasses le vide si tu veux être efficace.* Elle règle le réveil de son portable sur 1 h 30 et se recroqueville en serrant le traversin contre son ventre. Sa dernière pensée va à Albert, à la chaleur caramel brûlé de son corps osseux contre son dos, au souffle corsé de ses paroles les nuits où ses démons se déchaînent. Puis elle s'endort d'une traite, ce qui ne lui était pas arrivé depuis si longtemps que le souvenir s'effiloche.

Les yeux grands ouverts, Adèle pense aux êtres abandonnés, aux vies vagabondes et à la terre qui marche en crabe. Ce soir, son imagination est à sec et ses larmes débordent. Dans la maison où seule sa respiration lui revient en écho, elle n'a plus le cran de se la raconter. Dans le fond, elle est bien trop intelligente pour se mentir à elle-même. Sa mère n'est pas partie en mission secrète pour sauver le monde. La gamine sait que le sien ne tient qu'à un fil. Elle voudrait être aussi forte et belle que Mathilde. Si jamais son héroïne se cassait, ce serait la cata nucléaire. Comment pourrait-elle apprendre à lui ressembler ? En reniflant, Adèle éponge sa tristesse sur l'oreiller, puis se relève en catimini. Dans la cuisine, elle prépare une thermos de café qu'elle va déposer contre la porte de Mathilde. Sur la bouteille, un cœur en papier scotché.

22

DIPJ

La piste de la collègue dépressive s'est terminée en eau de boudin dans la banlieue nord de Lille. Une amazone à demi nue, en guêpière et cuissardes, a répondu au premier coup de sonnette. Ce n'était pas la visite qu'elle espérait. Muller n'est pas près d'oublier la scène. La langue de Sqalli a failli toucher terre. N'empêche… Il leur a fallu trois heures pour établir que la liaison de la suspecte avec un homme marié l'avait conduite non loin de la cité Franchomme, le dimanche à l'heure du crime. Que le même insatiable appétit l'avait entraînée un peu plus tard dans un parking en bordure du bois de Boulogne. Si elle souffrait de dépression, ce n'était pas le cas de sa libido. Elle a même eu l'audace de glisser sa carte dans la poche arrière du jean de Sqalli. Ça non, elle n'avait pas froid aux yeux. Ni au reste de son anatomie d'ailleurs. À croire que son prénom était prédestiné. Aspirés par la braguette dans l'ouragan Katrina, deux hommes ont dû répondre de leur emploi du temps. En ce moment, songe Muller avec une pointe de satisfaction, ils sont sûrement en train de rendre des comptes à leurs épouses respectives. Bien que ce soit le cadet de ses soucis, elle a vu juste. Le premier répète sa plaidoirie du lendemain sur un canapé. Le second a été envoyé au diable, il dormira chez sa mère. Dormir, se détendre, Muller n'aspire plus qu'à ça. Elle décroche son blouson et observe Sqalli qui s'éloigne en sautillant dans le couloir. Elle apprécie le fuselage des muscles et le bombé du postérieur en connaisseuse et se pince le gras de la fesse. Depuis son arrivée à Lille, les deux tiers de ses cartons de déménagement sont toujours empilés dans un appartement qui prend des airs d'entrepôt des douanes. Autant dire que la programmation de séances de sport relève de la science-fiction. De toute façon, il ne lui reste pas une once de jus. Ce dont elle a envie, c'est infuser dans un bain brûlant et succomber à la béatitude molle du concombre de mer. Demain, il sera temps de se durcir la couenne et le cœur. Demain, elle est d'autopsie.

Le lieutenant Sqalli claque la porte de la DIPJ, son retour est programmé dans cinq heures, sauf contre-ordre. Il a enfilé son collant et ses baskets de compétition pour effectuer, au pas de course, les seize kilomètres qui le séparent de son domicile. Rien de tel qu'une bonne suée pour éliminer les toxines du métier. Effacer l'image des poupons suppliciés dans le cagibi de Nardi et repartir du bon pied. Cette année, au semi-marathon de Lille, Sqalli ambitionne de passer sous la barre des soixante-trois minutes. L'objectif est à sa portée. Chaque foulée diffuse en lui une saine énergie. Sqalli est un pragmatique. Pas du genre à se faire des nœuds au cerveau. La société produit ses propres poisons. Dans certaines zones, les concentrations sont si fortes que le seul fait d'y naître vous condamne illico à absorber la dose fatale. Et puis, selon les lois d'une alchimie qui dépasse son entendement, des individus isolés fabriquent leur propre venin. Il se focalise donc sur les résultats accessibles, les manifestations concrètes de ses actions. Il a abandonné l'utopie d'un vaccin et ignore volontairement les grands nombres, ceux qui réduisent sa contribution à un pet mouillé dans la tempête. Il avance, mètre après mètre. Quand il sera incapable du pas de plus, que son ressort sera cassé, il raccrochera. Ce n'est pas pour ce soir.

Sqalli accélère la cadence et trace sur l'asphalte à plein régime. L'air frais lui donne le coup de fouet attendu. Tout à l'heure ou demain, ils retrouveront l'enfant. Devant une maternité ou sous un porche, tout rose et bien emmailloté. Vivant. C'est sa certitude. Sinon, où irait-il puiser la motivation de mettre à nouveau ses gants pour ouvrir d'autres placards ?

23

DIPJ

Aucune alerte depuis deux heures, mais le travail de traitement de l'information se poursuit. Les patrouilles de nuit sont opérationnelles. Delage aperçoit Mathilde en train de s'installer pour prendre ses consignes et la relève de Lazaret. C'est à son tour de faire la coupure. Pourtant, il traîne encore sa carcasse sous des prétextes qu'il sait fallacieux. Un dernier regard sur le Sig Sauer avant de donner le tour de clé supposé l'éloigner de toute tentation. Il se sent dans les godasses du condamné en liberté conditionnelle. L'idée de réintégrer une maison à moitié vide, d'ouvrir la porte d'un frigo vide, de se coucher dans le lit vide de sa moitié, le déprime. Pas de victoire à fêter et la sensation poisseuse de s'enfoncer. Le gosse, la vase qu'il a fallu touiller, celle qu'il faudra touiller encore. Tout cela vient saler ses plaies, remuer la viande de sa propre misère. Il a envie de chialer. Au lieu de ça, il prend la photo de sa femme, le presse-papiers qu'elle lui a offert et les smashe dans la poubelle dans un grand bruit de verre brisé. Quand cette affaire sera derrière lui, et avant qu'une autre ne se présente, il prendra son courage à deux mains et appellera ses deux filles pour leur annoncer LA séparation. C'est dit. Delage réalise brutalement qu'il n'arrive toujours pas à prononcer le mot « divorce ». Il se met une claque sur la joue.

— Merde, Dédé, faut que tu te fasses une raison ! Que tu t'enfonces ça dans le crâne une bonne fois pour toutes !

Il lambine en direction de la sortie lorsque le bip de son téléphone lui signale un message. Delage parie sur une mauvaise nouvelle. Fétide. Définitive.

« J'espère que vous allez arrêter celui qui a fait ça à Chloé et retrouver Quentin. À très vite… peut-être. N.F. »

Il écarquille les yeux. De ses doigts malhabiles, il rédige aussitôt sa réponse.

« Merci. D.D. »

Il aurait bien aimé ajouter un de ces petits dessins avec un pouce levé, mais la technologie, ce n'est pas son fort. Les longs discours non plus.

Ce court échange l'a ragaillardi. Il reste peut-être encore une mini chance que tout ne soit pas fichu. À chaque jour suffit sa peine. Une bonne douche, des vêtements propres, et il sera comme neuf. Autant qu'une antiquité peut l'être, rectifie-t-il en croisant son reflet dans la vitre.

24

Lille

Non loin de la frontière catalane, il existe un lac d'altitude creusé dans les schistes ferrugineux. Suivant l'angle des rayons du soleil, sa surface varie du rouge à l'orange et contraste avec les prairies vert fluo qui le bordent. On peut y surprendre des moutons en train de brouter, des isards plantés sur les cornières, le vol des grands vautours fauves. Peu d'hommes s'aventurent jusqu'à ce cirque glaciaire. Un paradis de photographe. Orsalhièr s'y est transporté. À la poursuite d'un ours qui ne cesse d'enfler et de croître, jusqu'à obscurcir le jour. Un colosse dont chaque pas ébranle les fondements de la montagne.

— Monsieur ? Monsieur ! Réveillez-vous, s'il vous plaît !

L'Ariégeois entrouvre un œil embrumé et passe la main sur son visage. Devant sa voiture, deux policiers municipaux l'observent avec défiance. Il déverrouille la portière et baisse la vitre.

— Vos papiers, s'il vous plaît. Et ouvrez le coffre. Allez ! Plus vite que ça !

Les flics ont des gueules de fin de nuit. La frustration et le manque de sommeil ont limé leur patience, aiguisé de mauvais réflexes. Orsalhièr s'exécute.

— Et vous foutez quoi, ici ? Vous attendez quelqu'un ?

— Non, répond Orsalhièr en leur tendant ses tickets de péage. J'étais crevé, c'est tout.

— Les hôtels, c'est pas pour les chiens, réplique le plus gradé d'un ton rogue.

Orsalhièr baisse la tête. Jehan lui aurait dit qu'on ne taille pas la bavette avec un bélier en rut. *Boucle-la et laisse pisser.* L'inspection terminée, le tandem continue sa ronde sur l'esplanade qui s'étend entre le canal de la Deûle et le bois de Boulogne. Orsalhièr les suit un instant du regard puis allume la radio. « … En raison de son état de santé, Vincent Dussart, toujours hospitalisé au CHR, n'a pu être entendu que brièvement par les policiers. Le procureur, qui tiendra une conférence de presse dans la matinée, s'est pour l'heure refusé à tout commentaire sur l'avancée de l'enquête. Il faut remonter au 20 novembre 2003, date de l'enlèvement d'un nouveau-né dans une maternité de Lille, pour trouver trace d'une opération d'une telle ampleur. Si chacun espère encore un proche et heureux dénouement, l'inquiétude grandit au fil des heures. Nous avons réussi à interviewer en exclusivité la grand-mère de Quentin… »

Orsalhièr coupe la chique au journaliste et étire ses bras en se massant les poignets. À la foire au sensationnel, toujours les mêmes promos sur le pathos.

Un fonds de commerce qui transforme la détresse en prêt-à-chialer pour voyeurs obèses. Et toujours plus d'exhausteurs de goût. Nauséeux, Orsalhièr pense à une autre grand-mère qui ne sait plus ce que s'inquiéter veut dire.

Il n'y avait pas grand monde à l'enterrement. De rares membres de la famille du défunt, personne de sa belle-famille, et des correspondants de presse, uniquement des seconds couteaux. Aucun flic. Sauf lui, bien sûr. Il avait suivi la cérémonie de loin. Par pudeur. Du moins l'avait-il cru, jusqu'à ce que la femme se dirige vers lui en le fixant droit dans les yeux. Il avait alors voulu fuir ou disparaître. En vérité, seules la culpabilité et la honte l'avaient incité à se tenir à l'écart. Elle l'avait apostrophé de manière directe. « Je n'ai plus de fils. Plus de petite-fille. Il n'y aura plus rien après moi. Sauf notre nom. Rendez-nous notre honneur, monsieur. Et un peu de justice. Faites en sorte que le père et la fille puissent reposer côte à côte. Ils étaient aussi innocents l'un que l'autre. Au fond de vous, vous le savez, n'est-ce pas ? » Elle avait attendu, le dos bien droit, le regard sec et clair, sûre d'elle. Elle ne cherchait pas la compassion, seulement une réponse. Orsalhièr avait dit : « Oui, madame. »

25

DIPJ

Dans un quart d'heure, l'agent de garde au standard finira son service. Chaque fois qu'elle prend un nouvel appel, elle prie deux fois. Une fois pour que les informations délivrées guident ses collègues jusqu'à l'enfant. Une seconde fois pour qu'il soit en bonne santé. Entre deux communications, elle regarde la photo de sa petite fille et elle prie encore pour ne jamais avoir à vivre pareil enfer.

— DIPJ, vous avez fait le numéro de l'appel à témoins, je vous écoute. Veuillez décliner votre identité, s'il vous plaît.

En l'absence de réponse, elle réitère sa question sur un ton plus insistant. Sans plus de succès.

— S'il vous plaît, je…

Le correspondant a raccroché. Il y avait pourtant bien quelqu'un à l'autre bout de la ligne. Elle a entendu le bruit d'une respiration irrégulière et hachée. Comme lorsque l'on se retient de pleurer. À moins que la fatigue ne lui joue des tours… La jeune maman hésite quelques secondes en se rongeant l'ongle du pouce. Puis elle lâche un juron entre ses dents et décroche la ligne interne.

— Capitaine, je vous envoie le numéro d'une personne qui a essayé de nous joindre et qui a raccroché aussitôt. C'est peut-être un mauvais plaisantin, mais…

— On s'en occupe. Merci.

Mathilde avale la dernière gorgée de sa thermos et lance sa recherche. Sur le côté de son PC, le petit cœur d'Adèle est allé rejoindre une ménagerie colorée de messages découpés et d'origamis. À la DIPJ, nombreux sont ceux qui s'interrogent sur la provenance et la signification de ces *mots doux* si peu en rapport avec le style coupant du capitaine Sénéchal. Personne n'a encore osé l'interroger à ce sujet. Probablement qu'elle leur servirait une formule du type « Circulez, il n'y a rien à voir ». Pourtant, elle les garde. Souvent, elle les respire. Ils sentent un monde où les petites filles se promènent dans les bois sans craindre de mauvaises rencontres. Un monde qui n'existe pas.

Sur l'écran de Mathilde, s'affichent un nom et une adresse : Rousselet, 279, rue du Ballon. Mathilde fronce les sourcils et vérifie un itinéraire sur son plan. *Cinq minutes à pied de l'impasse !* Elle rédige un court message à l'intention de Lazaret puis se lève et saisit son blouson. Sqalli la fixe, déjà sur le qui-vive.

— Franck, tu viens avec moi, on va vérifier un truc.

— Putain, c'est pas trop tôt !

Les deux enquêteurs perdent patience devant l'ascenseur dont les portes s'ouvrent avec une lenteur exaspérante. À leur gauche, affichée sur le mur, la devise de la DIPJ : « Croire et douter ». Mathilde s'engouffre dans la cabine en se faisant la réflexion qu'elle n'a jamais été aussi vraie.

LUI

À chacun de nos raids barbares, nos cargaisons s'emplissaient des épices du souvenir. Et les tangos de nos escales ! Toi, reine impérieuse et empalée qui, d'un coup de reins, inverse les pôles, invente d'autres lois d'attraction. Moi, esclave conquérant, à tes bras et tes jambes enchaîné, jouissant dans les cales de tes fantasmes.

Le monde était à nous. Sans limites.

Tu voulais le désert, les manoirs dans les vallons sombres, le parfum des roses, la course d'un cheval d'or. Je te les ai offerts. Nous avons habité des châteaux. Tous les châteaux de nos désirs. Dans les crues de nos plaisirs et les limons de nos retrouvailles, les blés des recommencements.

Il fallait donc une fin.

Il fallait bien une fin, n'est-ce pas ?

De cette échéance, j'ai tardé à voir les signes. La mollesse de ta main dans la mienne, cette fatigue dans ton regard... Tous ces indices, je les ai ratés parce que j'étais trop occupé à t'aimer. J'avais espéré que notre permission serait plus longue. La vie, cette putain qui abrase et corrompt, nous avait rattrapés.

Le mal était là. Le mal était fait.

L'heure des préparatifs avait sonné. J'ai voulu savoir et prendre plus de toi. Heure après heure, j'ai photographié les variations du grain de ta peau, épinglé tes poses et tes attitudes. J'ai collectionné tes odeurs, les mutations de leurs formules au gré de tes humeurs. J'ai enregistré les rythmes et les sons qui dansent ton âme. Comme il va ses chemins, l'esprit a ses musiques, ses goûts et ses parfums. Je te sais du bout de la langue. Dans le sel de ta sueur, je peux lire tes pensées.

Pour ne pas te perdre, j'ai consenti à te laisser partir.

Jamais je n'ai fermé les yeux.

Puisqu'il fallait en passer par là... Y avait-il un autre moyen ?

Tandis que tu frottais ta peau à celle d'autres hommes, j'ai construit de nouveaux châteaux, élevé des remparts et balisé tes lignes de fuite.

Je t'en avais fait le serment, t'en souviens-tu, mon amour ?

Où que te conduise ta fugue, je te reprendrai.

Aucune échappatoire.

26

279, rue du Ballon

La jeune femme entrouvre la porte et fait aussitôt un pas en arrière. Elle porte un jean et un col roulé qui soulignent sa minceur juvénile. Une veine bleue et gonflée lui barre la tempe. Elle est jolie, dans le genre diaphane. Ses yeux sont d'un gris très clair et peu commun. Dilatés. Mathilde lui trouve l'air d'une biche prise dans la lumière des phares. Elle s'avance en brandissant sa carte de police. Dans son ombre, Sqalli brûle d'en découdre.

— Marie Rousselet ?

— Oui…

— Vous avez composé le numéro d'appel à témoins puis vous avez raccroché.

— C'était une erreur, s'excuse-t-elle en se mordant la lèvre.

— Vous allez quand même nous expliquer ça, réplique Mathilde d'un ton sans appel.

Rousselet évite le regard pénétrant de l'enquêtrice et répond d'un filet de voix :

— Écoutez, je dois me rendre à mon travail… Vraiment, je me suis trompée, je vous assure.

Vraiment, hein ? Et tu crois t'en sortir comme ça ? Mathilde agrippe Rousselet et la pousse vers l'intérieur.

— Ce n'est pas aussi simple. On va d'abord faire un petit tour chez vous et puis vous allez nous accompagner pour nous expliquer cette « erreur ».

Rousselet retient ses larmes tandis que Sqalli fait le tour de son modeste studio où le canapé-lit est encore en mode nuit. La kitchenette se résume à un évier, un plan de travail de la taille d'une planche à découper et un frigo nain. Le coin douche possède les mêmes dimensions lilliputiennes. La jeune femme ne roule pas sur l'or, mais l'ensemble est propre et ordonné. Mathilde scanne le visage tétanisé de Rousselet. *Cire et savon noir… Pour masquer quelle odeur, dis-moi ?*

Sqalli secoue la tête.

— Rien ici, Mathilde.

— Alors, quoi ! aboie Sénéchal. Pourquoi avez-vous appelé ? Et pourquoi changer d'avis au dernier moment ?

— Dimanche soir…, chevrote Rousselet, j'ai vu une femme avec une poussette, elle avait l'air pressée… Mais comme je ne saurais plus la décrire…

Mathilde et Sqalli se regardent, ils sont sur la même longueur d'onde. Pas le moindre doute. Elle ment. Mathilde accentue la pression sur l'avant-bras de Rousselet et se colle à elle jusqu'à effleurer ses cheveux. *Elle fouette la trouille.*

27

Lille, Institut médico-légal

Baigné d'une lumière orangée, l'accueil dégage une ambiance chaleureuse. Ce n'est qu'un prélude trompeur. Franchi le sas à double battant, la température chute de trois degrés et les relents âcres des détergents empoisonnent l'air. Éclairage cru, murs blancs, sols gris, les tons basculent dans les gammes froides. Lèvres et nez pincés, Muller avance d'un pas qu'elle aimerait plus sûr. La volonté n'est pas un muscle que l'on contracte à l'envi. En surchauffe, son cerveau rationnel projette images mentales et injonctions tous azimuts. Bientôt il sera à court de munitions. Sa panique est primale. Autant enrayer la progression d'un incendie avec un pistolet à eau. La jeune brigadière sursaute et s'entend pousser un cri suraigu. La main qui s'est posée sur son épaule appartient à une petite femme aux prunelles pétillantes. Le blond vénitien de sa chevelure et le bleu canard de sa robe font entrer une touche de vie dans ce décor désincarné.

— Docteur Viviane Bécart. Vous êtes Sylvie Muller, je suppose ?

— Oui… Euh, excusez-moi, j'ai été surprise et…

— … Pas de mal, sourit la responsable de l'IML. L'enfant ?

— Toujours rien.

— Allez, le pire n'est jamais certain. Mon assistant aura un peu de retard. Vous me suivez ?

Avec la mine d'un condamné jouant son ultime recours en grâce, Muller se laisse guider jusqu'à l'étage.

— Thé, café ?

— Du thé, merci.

— C'est la première fois ? Je ne vous ai jamais vue…

— J'ai déjà assisté à trois autopsies, mais pas ici. Je suis en poste à Lille depuis un mois.

— Trois, c'est précis, dites-moi. Vous détestez ça, je me trompe ?

— Je ne suis jamais tombée dans les pommes, se défend Muller. Si c'est ce qui vous inquiète…

— Ce n'est pas ce que je vous demande, insiste la légiste en déposant une théière dont les vapeurs dégagent des arômes de fruits rouges, de rose et de vanille.

Muller lui tend sa tasse. Elle ne décèle nulle trace d'ironie dans l'expression de Bécart. Tout au plus de la prévenance et un soupçon de curiosité.

— C'est l'odeur, laisse-t-elle échapper. Le reste, à côté, c'est de la blague…

— Et les autres fois, comment avez-vous tenu le coup ?

— Je suis sortie… plusieurs fois…

— Erreur de débutant ! En quittant la salle, vous remettez vos compteurs à zéro. Si vous restez assez longtemps, votre odorat va saturer et finir par s'habituer.

Muller caresse l'anse d'un air absent.

— Quand on ouvre le corps, j'ai le goût du fer sur la langue… Et les intestins… Dites, c'est quoi, votre truc ?

— Il n'y a pas de truc ! s'esclaffe Bécart. Les chairs mortes, ça schlingue et puis c'est tout ! À moins d'être frappé d'anosmie, ce qui, Dieu merci, n'est pas mon cas ! Certains se bourrent les narines de mèches de coton imbibées d'essence algérienne, d'autres se mettent en apnée… Personne n'est prêt à admettre que nous sommes des charognes en sursis ! La mort possède son olfathèque. Mon « truc », c'est ça : connaître mes gammes et associer chacune à une réaction chimique. Les odeurs peuvent nous indiquer la cause du décès… Pour le reste, je compartimente. Jamais de parfum avant une autopsie. Je lave mes habits à part, panier spécial, machine spéciale. Et ne me parlez pas de barbecue après un grand brûlé !

Muller sourit timidement en dégustant son breuvage à petites gorgées. Elle a l'impression surréaliste de se promener dans un jardin japonais au printemps.

— Votre olfathèque, vous pourriez m'expliquer ? Si vous voulez bien… en attendant votre assistant…

— Depuis que je fais ce métier, j'en ai vu s'effondrer, des durs et des rouleurs de mécaniques ! Entre filles, on peut bien se serrer les coudes, pas vrai ?

Gagnée par l'entrain bon enfant de Bécart, Muller hoche la tête avec enthousiasme. Sénéchal la prend pour une chochotte ? Sénéchal en sera pour ses frais. Plutôt être foudroyée sur place que de lui faire le plaisir de flancher. Elle va lui montrer, à la Reine des neiges, de quel bois elle se chauffe !

28

DIPJ

Rousselet est mauvaise menteuse. Elle le sait. D'ailleurs elle est persuadée de ne pas être bonne à grand-chose. Cela tient aux épithètes dont l'ont gratifiée ses géniteurs dès son plus jeune âge. Maladroite. Lente. Faible. Stupide ou quoi ? Trop ceci et pas assez cela. Autant de barreaux qui l'enclosent dans la prison de ses incapacités. Elle accueille ses échecs successifs comme une conséquence logique et attendue. Les rares exceptions confirmant la règle, Rousselet les impute à la chance, aux autres, les assimile à des accidents de parcours. Elle ne fera pas le poids. Pas face à ce grand flic sec comme une trique dont les rides suggèrent l'endurance. Pas face à sa version féminine fondue dans le même acier. Ils ont mis en pièces ses mensonges les plus grossiers et débusqué ses incohérences. Ballottée de l'un à l'autre, pointée du doigt, menacée, la jeune femme dépose le peu d'armes qu'elle ait jamais possédées.

« Je… je vous ai appelés parce que, dimanche soir, j'étais avec Vincent. Enfin, Vincent est venu chez moi. »

« J'ai pas regardé l'heure… Attendez ! Oui, il a dû repartir un peu avant 21 h 30. »

« On se voit depuis un an. »

« Une ou deux fois par semaine, c'est lui qui me dit quand il va passer. »

« Sa femme ? Non, il ne m'en parle jamais. »

« Après son départ ? Je suis restée chez moi. »

« J'étais seule, oui. »

« Non, non, jamais je ne ferais de mal à personne ! Je vous en supplie… Attendez, attendez, j'ai eu ma sœur au téléphone… »

« Je ne sais plus, peut-être dix minutes après que Vincent est parti. »

« Combien de temps ? Je ne sais plus ! »

Les yeux de Rousselet sont injectés de sang. Ses ongles ont laissé de profondes traînées sur le dos de ses mains torturées.

— Nous vérifierons tout cela très vite, assène Lazaret. Si vous avez menti une fois encore…

— Je vous jure que non, pleurniche la jeune femme.

Mathilde pose sa main sur le poignet de Lazaret, lequel lui renvoie un acquiescement silencieux. La prochaine passe lui revient. Une estocade lente. Comme une dague enfoncée millimètre par millimètre en un point névralgique. Du désarroi pitoyable de la jeune femme, Mathilde ne veut voir qu'une chose : il prend racine dans l'énigme Dussart. Elle doit viser juste et profond. À l'emplacement exact de la tumeur.

— Il y a quand même des choses qui me chiffonnent, continue-t-elle doucement. La première, c'est la vraie raison pour laquelle vous avez appelé et je crois que c'est aussi ce qui vous a poussée à raccrocher au dernier moment.

— Je… Je ne comprends pas.

— Nous savons qu'il était en colère, Marie, très en colère, quand il est venu vous voir.

— Oui, il était en colère…

— Il vous a dit pourquoi ? C'était au sujet de Chloé ?

Rousselet secoue la tête, désemparée. Mathilde se penche vers elle, saisit sa main et prend une longue inspiration.

— Vous en avez peur, n'est-ce pas, Marie ? Calmez-vous et dites-nous ce qu'il a dit ou fait ce soir-là.

La maîtresse de Dussart hoquette à présent. Ses doigts aussi fins et pâles que des brindilles remontent jusqu'à sa gorge, se glissent sous son col roulé et le tirent violemment. Son cou porte des traces de strangulation et le haut de sa poitrine est couvert d'ecchymoses.

Mathilde et Lazaret se renvoient un regard entendu.

— Racontez-nous, Marie, et vous n'aurez plus rien à craindre.

— Il… Il n'a rien dit. Il est juste entré… Il a la clé, il vient quand il veut. J'ai vu qu'il n'était pas dans son état normal. J'ai essayé de lui parler, mais il m'a poussée sur le lit…

Marie s'entend lui dire qu'elle étouffe, qu'elle manque d'air. Les mains de Vincent lui compriment la poitrine. Il la domine et l'écrase de tout son poids. Il se dégage de lui cette énergie puissante qui l'affole. Il a ce regard brillant et plein d'assurance. Celui qui la fait apparaître si insignifiante. Et si importante. Puisqu'il la regarde, elle. Elle sent sa prise se refermer sur son cou. Elle suffoque. Elle ne dit plus rien, la tête lui tourne. Elle ferme les yeux. L'étau se desserre. Les doigts de Vincent sont sur son ventre, sous son jean, sa culotte, dans son sexe. Il creuse. Se retire et agrippe la ceinture de son jean. Ses ongles la griffent, le tissu la brûle. Elle soulève les hanches. Elle l'aide. Elle l'entend qui enlève son pantalon dans un grognement. Elle ne veut pas voir son visage. Elle sait qu'il va lui faire mal. Il la déchire. Elle crie. Il l'ignore et donne un nouveau coup de reins. Elle ravale sa honte et accompagne ses va-et-vient. Ça fait moins mal. Vite que ce soit fini. Vite qu'il s'en aille.

— Il vous a violée ?

Rousselet baisse les yeux. Elle ne se souvient pas de lui avoir dit non. Pas une seule fois. Il a ce pouvoir. Celui de prendre sans avoir à demander, y compris ce qu'elle ne veut pas lui donner. Et s'il ne voulait plus d'elle ? Rousselet met la main sur son ventre secoué d'un spasme. Avec Vincent, la douleur est moins mortelle que le vide.

— Je… je ne crois pas. C'est… C'est ce qu'il a dit en partant…

Mathilde l'encourage d'un signe de tête.

— Il a dit : « Tu es à moi, Marie, ne crois pas qu'on puisse me quitter comme ça. »

— Et c'est pour ça que vous avez appelé, parce que vous pensez qu'il est retourné voir sa femme ?

— Je ne sais pas.

— Vous ne savez pas ce qu'il a fait, mais vous l'avez pensé ? insiste Mathilde.

— Oui.

— Un dernier point à éclaircir. Vous avez dit : « C'est lui qui me dit quand il va passer », c'est bien ça ?

— Oui.

— Il vous prévient comment ? Nous n'avons aucune trace de ces appels.

— Sûrement parce qu'il m'appelle avec le téléphone de l'agence.

— L'agence, quelle agence ?

— Celle qui loue les appartements. Mon studio, il appartient à Vincent, c'est comme ça que je l'ai rencontré.

Les regards de Mathilde et de Lazaret s'entrechoquent, cisaillés par la même pensée. *On n'a pas cherché au bon endroit.*

29

Lille, 2 quai du Vault

Diffractées par la bruine, les lumières des lampadaires et des phares floutent le paysage en créant de surprenants effets d'optique. À certains endroits, les passants apparaissent tels des patineurs lancés au ralenti sur une pellicule de glace noire. Dans ce décor engourdi et soumis à une étrange inertie, Mathilde court à petites foulées vers sa moto garée en bordure du plan d'eau. Elle vient de diriger la perquisition d'un duplex appartenant à Dussart. Un bien qui n'a jamais été proposé à la location. Le bilan est en demi-teinte. Aucune preuve directe ne permet de relier le mari au meurtre de son épouse. En revanche, les présomptions s'accumulent. Parmi elles, une collection de magazines consacrés aux armes. Sur l'un d'entre eux, un cahier spécial énumère les performances du pistolet 22 Long Rifle mono coup. Outre que cet article est l'un des plus accessibles sur le marché, il tire des balles de 5,5 mm et présente l'avantage d'être silencieux. Or, aucun des voisins interrogés ne se souvient d'avoir entendu une détonation dans la soirée de dimanche. Et les 5,5 mm correspondent aux mesures du diamètre d'entrée de la balle effectuées par le légiste lors des premières constatations. Mathilde consulte sa montre. L'autopsie devrait bientôt s'achever. *J'espère que Muller a tenu le coup.*

Nez au vent, l'enquêtrice pivote sur elle-même. À deux kilomètres de là, Lazaret coordonne le quadrillage des jardins écologiques du Vieux-Lille, en lisière du logement « officiel » de leur principal suspect. Sqalli fait creuser la terre autour de la maison de Géraldine Dussart. À ce point de l'enquête, et parce qu'il leur est encore interdit de l'interroger, l'un comme l'autre recherchent l'endroit où le père s'est débarrassé du corps du fils. Le cerveau de Mathilde synthétise des jus de tourbe retournée et de gazon coupé. Dans cette soupe végétale, flottent des feuilles de menthe. Elle respire un pan de son écharpe et en resserre le nœud. *Allez, Mathilde, ça sert à rien de flairer le malheur.*

Avant d'enfiler son casque, Mathilde compose le numéro de son chef de groupe. Occupé. En quelques phrases, elle lui communique les faits marquants. « Pas d'arme mais du matériel qui prouve qu'il s'intéresse au sujet. Un nouvel ordinateur et son autre portable, nos techniciens s'en chargent. » Après une hésitation, elle ajoute d'une voix radoucie : « J'espère que tu vas bien. Je file à la DIPJ. Tiens-moi au courant si tu as du neuf. Je t'embrasse. »

L'enquêtrice enfourche sa moto et se compresse les tempes. Elle n'a plus les idées claires.

L'exécution sans bavure de la mère, la disparition de l'enfant, les traces de saignements, l'absence de cadavre, la coexistence de ces faits contradictoires défie son entendement. Elle ne parvient pas à tisser un canevas cohérent. S'il s'agit d'un enlèvement dont la mère est la victime collatérale, pourquoi ces traces de sang ? Si c'est un double meurtre, pourquoi n'a-t-on pas retrouvé le corps de l'enfant ? Si l'enfant est mort, pourquoi avoir escamoté son corps ? Si la mère était la seule cible, pourquoi s'en prendre à son fils ? L'enchaînement des « si » et des « pourquoi » sans réponse réveille en elle une oppression diffuse et familière. Semblable à la menace que ferait peser la proximité d'un ennemi sans visage. Celui de Marie Rousselet, justement, occupe ses pensées. Sa docilité passive, l'attraction malsaine qui la lie à son amant continuent de la déranger. Mathilde n'est pas loin d'éprouver de la colère et cela l'interpelle. *Déraisonnable... Tu débloques, Mathilde, le problème, ce n'est pas Rousselet, le problème c'est ce type.* Tout de même, impossible de se défaire d'un malaise persistant. Mathilde est persuadée que Rousselet et ses sœurs exhalent des parfums qui excitent les hommes dans le genre de Dussart. Les carnassiers ne sélectionnent pas leurs proies au hasard, les faibles attirent les forts. *Et Chloé, alors, quels signaux a-t-elle émis ? Qui les a captés ? Il faut que tu réfléchisses, Mathilde. Comme un tueur intelligent et organisé. Quelle que soit la démence qui se cache derrière les motifs du coupable, elle n'a pas affecté sa capacité à dérouler une succession d'actions préméditées, guidées par une logique, un but. Y compris celui de nous égarer... Et Dussart remplit tous les critères.*

Encore faut-il le confondre.

Des notes stridentes arrachent Mathilde à son dialogue intérieur. Elle vient de recevoir deux messages vocaux dont les auteurs lui sont inconnus. Le premier, émanant d'un collègue enquêteur, la laisse perplexe. Le second l'intrigue, d'autant qu'il fait suite à des appels manqués. Elle appuie sur la touche rappel.

30

Lille, place du Général-de-Gaulle

Orsalhièr attend sur la terrasse couverte de la brasserie Leffe, point de rencontre en plein centre-ville. Il préfère le froid humide au brouhaha étouffant qui règne à l'intérieur de l'établissement. Il est nerveux et ankylosé. C'est à peine s'il a dormi quatre heures. *Les hôtels, c'est pas pour les chiens. Ouais ben... Pas pour toi, non plus...* Les hôtels et leurs espaces millimétrés aux agencements formatés l'horripilent. Il est mal à l'aise face aux membres du personnel, qu'ils soient empressés et serviles, condescendants et affectés ou même indifférents. Ses rares expériences en la matière lui ont laissé le souvenir d'une mascarade à laquelle il refuse désormais sa complicité. Les relations humaines y sont emballées dans du plastique au même titre que le savon et le kit de reprisage. Il se lève en consultant sa montre et se dirige vers les toilettes. Devant le miroir, il tente de dompter ses boucles brunes striées de gris et passe un doigt dans le col de sa chemise en répétant les arguments sélectionnés durant ses heures de veille. Ce qu'il vient de lire dans l'édition du jour de *La Voix du Nord* l'a conforté dans son intime conviction. À moins d'un bug du hasard, les deux affaires obéissent à une même trame. La question est de savoir s'il saura convaincre la fameuse Mathilde Sénéchal d'en tirer le premier fil.

S'il existe.

Il se lave les mains, dédaigne le séchoir électrique et se tamponne les joues d'eau fraîche avant de regagner sa place. Ses jambes s'agitent sous la table, ses doigts martèlent la surface mélaminée. Quand il n'est pas en embuscade derrière l'objectif de son appareil photo, attendre est un supplice. Dans ce pays écrasé où beffrois et clochers sont les seuls escaliers vers le ciel, l'Ariégeois souffre du mal de terre. Il commande son troisième café de la journée.

Mathilde coupe la place du Général-de-Gaulle à longues enjambées. Sans le message et l'insistance du commandant Auriol, cette entrevue n'aurait pas eu lieu. Elle se promet d'être aussi expéditive que la politesse le lui permettra. À vingt mètres du lieu de son rendez-vous, elle commence à observer les rares silhouettes attablées et repère aussitôt son homme. Jean élimé, doudoune, baskets, tignasse en broussaille, barbe de deux jours. Elle souffle et râle intérieurement. Le look trappeur ou Don Quichotte, très peu pour elle, merci.

Le montagnard repose sa tasse. Impossible de manquer cette grande femme élancée, à la limite de la maigreur, qui avance vers lui d'un pas pressé. Pantalon et blouson noirs, bottes cavalières, coupe courte et sévère, visage fermé. Il lève les yeux au ciel. *Romain t'avait prévenu, c'est petit doigt sur la couture, ça va pas être une partie de plaisir…*

Il se lève, et, dans son empressement, une chaise valdingue qu'il rattrape in extremis.

— Pierre Orsalhièr. Vous êtes…

— Capitaine Sénéchal, oui. J'ai très peu de temps et…

— … bien sûr, je me doute. Merci d'accepter de m'écouter. Promis, je serai bref.

Ils se serrent la main et se rassoient. Orsalhièr décide de faire l'impasse sur les préliminaires et va droit au but.

— Il y a vingt ans, j'ai enquêté sur une affaire de meurtre et d'enlèvement. La mère, Karine Laborde, a été retrouvée morte par son mari, Martin Laborde, à leur domicile en fin d'après-midi. Un lundi. Exécutée le matin même d'une balle tirée à bout touchant en pleine tête.

Orsalhièr joint le geste à la parole et applique index et majeur au-dessus de son oreille. Mathilde pose les deux mains à plat sur la table. Tout compte fait, l'exposé préliminaire est moins brouillon que l'allure du bonhomme le laisserait penser. Elle donne un léger signe de tête que son interlocuteur interprète comme une invitation à poursuivre.

— Les Laborde avaient un bébé de quatre mois. Disparu. On a identifié d'infimes traces de son sang dans la chambre. Le couple habitait un pavillon en banlieue toulousaine. On a interrogé les voisins, la famille, les relations. On a cherché des femmes qui auraient été en mal de maternité. On s'est intéressés aux délinquants sexuels, aux délinquants tout court, bref, à toutes les personnes ayant un casier et susceptibles d'avoir traîné dans le secteur. Chou blanc sur toute la ligne. Bien sûr, dans le même temps, on a mis le paquet sur le mari. Normal, hein ?

— Les statistiques ne plaident pas en faveur des maris, acquiesce Mathilde.

— Les statistiques, oui… (Orsalhièr fait crisser sa barbe naissante, retient un soupir et reprend son récit sur le style incisif et factuel qu'il a choisi comme angle d'attaque.) Martin Laborde était jardinier paysagiste. Ses clients étaient essentiellement des particuliers. Dans le créneau horaire où sa femme a été assassinée, il travaillait dans une propriété à un quart d'heure en voiture de chez lui. Il aurait pu revenir, tuer sa femme, prendre son bébé et en faire Dieu sait quoi. Il aurait pu. Le problème, c'est qu'aucun témoin n'est venu accréditer cette thèse. Personne n'a vu son véhicule stationner dans les parages et aucune trace de sang n'y a été prélevée. Idem pour ses vêtements. En synthèse, aucun élément de preuve ne nous a permis de relier Martin Laborde à la scène de crime. D'un autre côté, comme les clients pour qui il travaillait ce jour-là n'étaient pas chez eux et qu'il était seul sur les lieux, personne n'a pu le disculper d'un meurtre qu'il avait les moyens matériels de commettre.

— Les moyens, OK, mais le mobile ?

La question de Mathilde a jailli presque malgré elle. Orsalhièr y voit le signe qu'il est parvenu à éveiller son intérêt et laisse filtrer un mince sourire. La jeune femme prend conscience qu'elle vient de confondre vitesse et précipitation et se maudit.

— Le mobile… L'activité de Martin Laborde peinait à démarrer et le couple avait du mal à joindre les deux bouts. Karine Laborde envisageait de reprendre un emploi, ce que son mari voyait d'un mauvais œil. Les sujets de dispute ne manquaient pas…

Orsalhièr lève la main pour attirer l'attention du garçon de café venu débarrasser la table voisine. *Les silences sont ses appâts. Du miel pour attirer l'ours.*

— Vous prendrez bien un café ou autre chose ?

— Un café. Sans sucre et serré, précise-t-elle avec autorité au serveur docilement planté face à elle.

Orsalhièr l'observe à la dérobée. *Y a pas à dire, elle a du caractère. Si elle oubliait de faire la gueule...* Parce qu'elle apprend de ses erreurs, Mathilde s'abstient de le relancer. Au lieu de quoi, elle pivote en direction du comptoir et fait mine de guetter l'arrivée de sa boisson. Tout en observant Orsalhièr en douce. Si le type croit la pister, il commet une grave erreur. Rien qu'à son odeur de cambrousse et de feu de cheminée, elle serait capable de le repérer à un kilomètre.

Orsalhièr prend une longue inspiration. Il est immobile. Ce n'est plus de l'attente. C'est un temps chrysalide, celui qui précède la naissance de l'image à figer. Il n'est plus pressé. Face à ce drôle d'animal, son expérience lui conseille la patience. Mathilde remercie le garçon et avale son café d'un trait. Deux heures qu'elle en avait envie.

— Continuez, je vous écoute.

— Merci. Lors de sa garde à vue, Martin Laborde a reconnu que sa femme et lui traversaient une passe compliquée. Mais il s'en est tenu à sa version initiale : il a passé la journée à élaguer des arbres et il a découvert le corps de sa femme à son retour. Pas d'aveux.

Notre enquête n'avait pas avancé d'un pouce et elle en est toujours au même stade : point mort.

— Comment ça, point mort ?

— À la fin de sa garde à vue, Martin Laborde est rentré chez lui où il s'est suicidé. Sans lettre d'explication. On a repris l'enquête depuis le début pour aboutir à un cul-de-sac. Depuis, toutes les personnes qui ont tenté de relancer la procédure ont débouché sur le même constat d'échec.

— Et vous en faites partie ? riposte Mathilde avec une pointe d'agressivité.

L'ancien flic n'esquive pas l'attaque. Il l'amortit d'un sourire aussi sincère que contrit.

— Oui, tant que je faisais partie de la maison. Après, je suis resté en contact avec les enquêteurs qui ont pris le relais.

— Vous croyez que le mari n'était pas coupable ?

— Je ne crois rien. Le suicide de Martin Laborde en a arrangé plus d'un. Pourtant… Si on analyse objectivement les faits, son innocence est une possibilité qu'il serait malhonnête d'écarter. Si c'est le cas, alors, le vrai coupable est toujours en liberté…

— Et il vient de récidiver, c'est pour ça que vous avez fait tout ce chemin, non ?

— J'ai fait tout ce chemin pour étudier d'éventuels rapprochements et proposer mon aide.

Orsalhièr fouille dans la poche de sa parka et en sort une clé USB.

— Tout est là, y compris les informations que j'ai recueillies sur mon temps libre.

— Mmm, ce n'est pas très réglementaire, ça. Comment avez-vous su pour Dussart ?

— J'ai mis une alerte sur le Net. Je vous demande juste de me transmettre vos informations pour que je les recoupe avec les miennes.

— Vous n'avez pas réussi à passer à autre chose, on dirait ?

— C'est tout le contraire, j'ai changé de vie. Je sais pas vous, mais… moi, je n'aime pas les choses qui ont un goût d'inachevé. La mère de Martin Laborde est encore vivante. Elle croit dur comme fer à l'innocence de son fils. Surtout, elle veut savoir pour sa petite-fille.

Orsalhièr s'interrompt et fixe Mathilde droit dans les yeux. *Jolis... Ils ont la couleur des schistes.*

— On n'a jamais retrouvé le corps du nourrisson…

31

DIPJ

Delage est sur le pont depuis cinq heures du matin. Il continue d'explorer la cartographie des femmes ayant gravité autour de Chloé. Employées du Printemps, voisines, caissières, vendeuses, baby-sitters, professions libérales… Toutes les personnes de sexe féminin sont éligibles. Le profil des ravisseuses d'enfants est polymorphe. De l'adolescente perturbée à la mère de famille nombreuse et ménopausée, l'exercice n'inclut pas d'élimination a priori. Delage ne fait plus le compte du nombre de convocations adressées, d'emplois du temps reconstitués et de requêtes en téléphonie, mais celui du temps écoulé depuis la disparition de Quentin. Il s'acharne avec une foi qui hurle « Ta gueule » à son instinct de vétéran. Tant pis si les collègues fouissent le sol. Retrouver le gosse, oui, mais pas sous terre. Il veut que ça se termine bien. Pour une fois, ce serait trop demander ?

Un appel de l'accueil l'informe qu'il est attendu. Le quinquagénaire quitte son bureau, tourne le dos à l'ascenseur et dévale les escaliers. Delage ignore d'où lui vient ce regain d'optimisme. L'énergie du désespoir ? Un effet paradoxal du surmenage ? Une surconsommation de café ?

Le visage de Nathalie Frémaux peut-être. Ce matin, ses lèvres, nues, ne sont pas seules à sourire. Ses yeux aussi sont tout illuminés. Même sans maquillage et pas tout à fait essorés de la pluie du deuil. Delage, dont les connaissances en la matière sont nulles, remarque simplement que quelque chose a changé chez elle. Il aime la manière dont elle a relevé ses cheveux en chignon. Et il se trouve con de penser un truc pareil compte tenu des circonstances. Il toussote, embarrassé, et la prie de le suivre. Elle rosit, le remercie et lui emboîte le pas jusqu'aux étages.

— Asseyez-vous. Vous avez pensé à autre chose, alors ?

— Eh bien, oui, toute la nuit, j'ai essayé de me souvenir de situations qui seraient sorties de l'ordinaire et j'ai repensé à un couple de clients. Mais je sais pas si…

— Au pire, ce sera un coup pour rien. Je vous écoute.

— Le truc, c'est qu'ils étaient aimables, gentils même.

— J'ai un peu de mal à vous suivre.

— Si vous veniez passer une journée avec moi, vous comprendriez vite. Dans le luxe, la plupart du temps, on a affaire à des gens arrogants et exigeants. Eux, c'était tout l'inverse.

— Et quel est le rapport avec Chloé ?

— Quand ils venaient, ils insistaient pour être servis par Chloé. Elle avait dû s'occuper d'eux une fois et depuis…

— Ah oui ? Des réguliers, euh… je veux dire des habitués ? Et vous diriez que ça remonte à quand ?

— Ça fait un petit moment que je ne les ai pas vus… Je dirais avant qu'elle ne tombe enceinte. Une fois, après un de leurs passages, ils lui avaient fait livrer des fleurs… Peut-être deux ou trois jours plus tard, j'ai vu Chloé discuter avec lui devant le magasin. Il… il n'était pas avec sa femme. Peut-être que je me trompe. Pourtant… En y repensant…

Dédé se tripote le gras de la joue. C'est souvent en se repassant le film à l'envers que les pièces s'emboîtent. Mais alors il est trop tard, les carottes sont cuites, et le mari cocu.

— Vous vous souvenez de leur nom ?

— Non. Chloé ne me l'a jamais dit. Ou plutôt, elle n'a jamais voulu me le dire… Attendez ! Chaque fois qu'ils venaient faire leurs emplettes, ils en avaient pour plusieurs milliers d'euros. Chaque vendeuse a un code, la compta devrait pouvoir vous aider.

— Plusieurs milliers ! Pffiou ! Ils achetaient quoi, pour une somme pareille ?

— Sacs, bijoux, fringues de créateurs… Le total grimpe vite, vous savez.

— Je suis un peu largué… C'est-à-dire que c'est pas le genre de boutiques où je fais mes commissions. Et vous les avez vus ? Je veux dire, vous pourriez les décrire ?

— Précisément, non. Je me rappelle que lui était bien plus vieux qu'elle. Elle était blonde, genre belle fille. Lui, brun ou châtain, élégant avec de la prestance.

— Bon, on va mettre votre déclaration noir sur blanc.

Vingt minutes plus tard, Frémaux appose sa signature à gauche de celle de Delage.

— Bon, ben, je vous raccompagne.

— Non, ne vous dérangez pas, vous avez mieux à faire.

Delage fait le tour de son bureau et tend la main d'un air emprunté. Frémaux la lui abandonne avec plaisir. Elle le trouve plutôt attendrissant avec son air de gros nounours. Son côté empoté la change des célibataires endurcis et cyniques avec lesquels elle n'est jamais allée jusqu'au petit déjeuner.

— Merci beaucoup, votre collaboration a été très précieuse et… agréable.

« Agréable », cherchez l'intrus ! Delage s'entend prononcer le mot et se demande s'il n'est pas en train de perdre la boule.

— Je vous en prie, c'est bien normal.

— Bon, ben, je vous tiens au courant alors.

— S'il vous plaît. Et si quelque chose me revient…

— Vous me téléphonez, pas de problème.

Delage se rassoit et se remet à l'ouvrage avec une vitalité décuplée. Il a une liste à compléter, la direction du Printemps à contacter, d'autres convocations à adresser, de nouveaux emplois du temps à reconstituer. Les fins heureuses ne tombent pas du ciel.

32

DIPJ

Lazaret écrase sa cigarette dans un pot qui déborde de mégots et referme la porte de la baie vitrée. Il a une mine de papier mâché. Couché tard, mal dormi et réveillé fatigué. Son début de matinée n'a pas sauvé sa nuit. Les chiens ont tourné en rond pendant près de trois heures sans détecter de piste. Il en a été presque soulagé. Ce matin, il ne possédait ni les ressources ni la distance pour affronter la vue d'un si petit cadavre et conduire l'interrogatoire de son géniteur dans la foulée. Nul besoin de deux raisons supplémentaires pour désespérer de la sale engeance des hommes.

Le chef de groupe passe une main sur sa joue creusée et gratte une croûte formée par la coupure d'un rasage à la hâte. Sur l'étagère face à lui, le visage doux et rêveur de sa femme ne lui est d'aucun réconfort. Leur mariage se résume à un pacte qui leur a permis de sauver les apparences et de maintenir une paix relative. Pas l'essentiel.

Il s'assoit avec lourdeur et relit ses notes, une page noircie d'une écriture ténue et hachée, en prévision de son prochain « entretien ». Sous bonne escorte et de son plein gré, Dussart vient de quitter le CHR où lui a été remise sa convocation en vue d'être entendu en qualité de simple témoin. En accord avec le procureur et en raison du risque d'emballement médiatique, Lazaret a privilégié une approche prudente, en deux temps. Si, au cours de cette audition qui ne pourra excéder quatre heures, Dussart n'est pas en mesure de lever les incohérences pesant sur ses déclarations, et sauf développement inédit de l'enquête, alors, sa garde à vue lui sera signifiée. Le hic, c'est qu'ils disposent uniquement de preuves indirectes. Rien de tangible. Comme un corps, par exemple.

L'équipe chargée de la perquisition au quai du Vault a rejoint les locaux. Un technicien se penche sur l'historique de navigation du PC tandis qu'un autre ausculte la mémoire du téléphone enregistré au nom de la SCI. Mais de Mathilde, aucune nouvelle. Lazaret s'impatiente de son retour et ça vire à l'inquiétude. Le bruit d'une porte qui claque à l'étage et l'écho d'un pas décidé qui va en s'intensifiant lui soutirent un demi-sourire.

— Je t'attendais pour la suite des réjouissances, dit-il sans lever l'œil de sa copie.

Mathilde entre et referme la porte derrière elle.

— Justement. J'ai peut-être du neuf, je dis bien peut-être. Je dois d'abord effectuer des vérifications. Enfin, avec ton aval…

Deux plis soucieux barrent instantanément le front de Lazaret.

— Tu parles de faits qui incrimineraient définitivement le mari, ou d'une piste…

— … nouvelle, oui. Je préfère ne pas m'avancer pour l'instant. Je sais que tu vas cuisiner Dussart et…

— Justement, je comptais sur toi pour me seconder. Tu ne veux pas m'en dire plus ?

— C'est trop tôt, Albert. Laisse-moi une heure et demie au max pour étudier cette « histoire » de plus près. Je préfère que tu restes concentré sur le mari. Il a des trucs à cacher, c'est évident. Il reste notre meilleur candidat…

— Mais tu ne veux pas courir le risque de laisser passer quelque chose, complète Lazaret. Tes vérifs, tu travailles sur des docs, ou tu vas voir des personnes ? Parce que si c'est la dernière option, tu prends quelqu'un avec toi. Et c'est non négociable.

— Rien qu'un vieux dossier, rassure-toi. Je serai chez moi et tu pourras me joindre à tout moment.

— J'aime autant.

Mathilde sort un mouchoir de sa poche, l'humecte et essuie la goutte de sang qui perle sous la pommette de Lazaret.

— Tu t'es pas loupé, dis donc ! Quand cette affaire sera bouclée, Albert, tu ferais bien d'écluser tes jours de récup.

— Holà ! On se calme, jeune fille. Pour les récups, tu as un mois dans la vue ! Et je te rappelle que c'est moi qui décide du planning.

— Justement, rétorque-t-elle sur un ton plus grave, de nous tous, tu es celui qui en a le plus besoin et tu es le moins bien placé pour t'en apercevoir.

— On en reparlera, hein… En attendant, va donc faire un point vite fait avec Franck et Dédé qui sont rentrés et…

— Oui, je leur dis que tu les attends pour mettre au point la « chorégraphie » de l'audition de Dussart.

Ils se sourient, rassurés par l'inexplicable connivence qui les a rapprochés dès leur première rencontre. Quand ils sont ensemble, aucun des deux ne souffre de cette solitude chronique et incurable dont ils se croient atteints. Leurs doigts s'effleurent. Déjà Mathilde a tourné les talons. Elle passe la tête dans l'entrebâillement de l'espace qu'elle partage avec le reste de l'équipe. Franck marmonne derrière l'écran de son ordinateur et Dédé est en ligne. À la tonicité de sa voix et aux effluves généreux de son après-rasage, Mathilde constate que le moral du lieutenant suit une pente ascendante et s'en félicite. Delage raccroche sur un grognement excédé. Mathilde et Franck échangent un clin d'œil.

— Putain de chef comptable ! C'est le Printemps… J'essaye de recenser les clients habituels de Chloé. Quand j'aurai fini, je vous dis pas la liste qu'on va se coltiner !

— Je sais, Dédé, compatit Mathilde. Le moyen de faire autrement ? Elle t'a dit quelque chose de nouveau, Frémaux ?

— Un couple de clients qui auraient eu Chloé à la bonne… Un amant caché, va savoir… Et elle, une femme jalouse. Pfff… Si c'est une « voleuse d'enfants », elle a pu repérer sa cible au Printemps, non ?

— Ça se tient, Dédé. Et on ne peut négliger aucune éventualité. De mon côté, j'ai aussi un truc à examiner à la loupe. On s'en reparle à mon retour. Albert vous attend pour vous transmettre ses consignes.

Sans leur laisser le loisir de nourrir une salve de questions auxquelles elle ne souhaite pas répondre, Mathilde s'échappe. En se rendant au sous-sol où elle a garé sa moto, elle prend connaissance de deux nouveaux messages. D'abord celui de Viviane Bécart, responsable de l'IML, à laquelle elle a confié la « formation » de Muller. Ce secret sera bien gardé. *Elle a passé l'épreuve, c'est déjà bien.* Ensuite, celui de Muller, justement. Mathilde ne peut s'empêcher de sourire en écoutant le compte rendu scolaire de sa dernière recrue. « Décès survenu entre 21 heures et 23 heures. La mort a interrompu la digestion. Chloé Dussart avait 1,4 gramme d'alcool dans le sang. Des analyses toxicologiques plus fines sont en cours, le légiste soupçonne la présence d'autres substances médicamenteuses. Résultats définitifs en fin de matinée. C'est confirmé, la munition extraite de son cerveau est bien du 5,5 mm. »

Voilà le type d'éléments qui lui permettront d'effectuer des correspondances pertinentes avec l'affaire Laborde. Ou pas. Elle espère que les pièces d'Orsalhièr seront aussi précises que la présentation qu'il en a faite. *Drôle de mec, quand même. Pas facile à cerner.*

33

Lille, quartier de Wazemmes

Assise à même le sol, Adèle caresse la tête du grand chien posée sur ses cuisses. « Balto ? Titus ? Pirate ?... » Elle égrène une litanie de noms à laquelle l'animal ne réagit pas mais qui lui semble douce à en juger par l'adoration inconditionnelle qui illumine ses pupilles bleu céladon. Voilà que ses cils blancs s'abaissent. Il dort. Adèle sort un calepin de son anorak et se relit en mâchouillant le capuchon de son stylo. Si l'on s'avisait de lui faire passer des tests, elle serait classée dans la catégorie des surdoués. Adèle n'est pas qu'intelligente, elle est aussi drôlement futée. Elle parsème ses copies d'erreurs en nombre suffisant pour éviter de se faire choper, que ce soit par les profs ou, pire encore, par ses camarades. Quand elle aura choisi son métier, alors, elle mettra la gomme. Pas avant. À moins de lui démontrer par A plus B l'intérêt d'apprendre par cœur la date de naissance de Blanche de Castille quand même un zombie peut trouver l'info sur le Net. Il y aurait pourtant des tas d'autres choses carrément plus utiles à connaître ! Allumer un feu sans feu, fabriquer des cabanes, se faire des amis en vrai, cultiver un potager, bidouiller l'électricité, conduire une moto comme…

— Qu'est-ce tu fiches, Adèle ? Et pourquoi tu n'es pas en cours ?

Adèle se pince la lèvre. Mathilde a l'air vraiment fumasse. Elle n'est pas seule, elle est accompagnée d'un grand type, style coiffé décoiffé, aux antipodes du vieux flic un peu austère qui vient parfois la chercher.

— Allô, la Terre ? C'est les vacances, je te rappelle !

Adèle pouffe derrière son cahier en jetant des regards en coin à Orsalhièr. Elle se demande où Mathilde a bien pu pêcher cet Indiana Jones et ce qu'ils traficotent ensemble. Mathilde soupire. Orsalhièr rigole dans son dos, ce qui n'échappe pas à la demoiselle qui lui renvoie un clin d'œil malicieux.

— Tu es seule ? Elle est où, ta mère ?

— Partie faire les commissions, murmure Adèle en rentrant la tête dans les épaules.

Mathilde sait qu'elle ment. Hier soir, ça n'a pas fait tilt, mais si Adèle traînait dans la courée, c'est qu'elle devait être livrée à elle-même. À tous les coups, sa mère n'est pas rentrée de la nuit. *Pour suivre le premier minable venu…* Le fait n'est pas inédit. Quand elle découche, l'enquêtrice l'a observé, elle lui laisse un mot et un billet de vingt euros retenus par un magnet sur le frigo. La première fois qu'elle s'en est rendu compte, Mathilde a été à deux doigts de faire un signalement. Elle a pourtant raccroché sans donner suite : c'eût été la pire des trahisons. En dépit de ses carences, Adèle aime sa maman et la fille est l'ultime amarre qui sauve la mère du naufrage. Ce qu'il manque à l'adolescente, Mathilde le lui donne : elle est son adulte référent, sa seule balise. Et quand Mathilde regarde à sa fenêtre, c'est pour y chercher le minois de la petite rouquine. Le sourire de cette gamine, c'est de l'extrait d'innocence. Ainsi va ce monde imparfait avec ses solutions de bric et de broc. Leur trio est fait de pièces biscornues assemblées au petit bonheur la chance. *Du rafistolage, oui, mais tant que ça tient…*

— Et, bien sûr, tu n'as pas de devoirs ?

— Ben, le principe des vacances, c'est quand même de pas travailler, non ?

Mathilde abdique. Elle sait qu'elle n'aura pas le dernier mot, d'ailleurs, elle ne le désire pas vraiment. *C'est pas le moment…*

— Bon, j'ai pas une minute à perdre, Adèle. Si tu veux, quand on aura fini, tu mangeras vite fait un bout avec nous…

— Super ! Trop cool, Mathilde ! Justement, pour ton enquête…

Adèle arrache deux pages et les lui tend. Mathilde survole le texte et tord le nez.

— Promets que tu vas lire jusqu'au bout, insiste-t-elle en lui prenant la main. J'ai vu un documentaire tip top sur la créativité, les associations d'idées, sortir du cadre et tout et tout. Quand t'auras cinq minutes, je te ferai l'énigme des neuf points et…

— C'est bon, c'est bon, Adèle, mais pas tout de suite, je…

— Nickel ! Je te ferai la lecture pendant qu'on mange. À tout' ! Tu m'appelles, hein ?

Adèle tapote la tête de son protégé, se redresse et retourne dans ses pénates. La bête se recouche sur le paillasson en poussant un gémissement d'amour.

— Elle est marrante, cette gosse, elle est quoi pour vous ? Et le chien, c'est le vôtre ?

Mathilde se tourne vers Orsalhièr en même temps qu'elle ouvre sa porte d'entrée.

— C'est Adèle… Ce serait trop long à expliquer. Et le chien, il s'est invité hier soir, com… Bon, on s'y met, parce que, comme je vous l'ai dit, je n'ai…

— … pas beaucoup de temps, je sais.

Comme il s'y attendait, Orsalhièr pénètre dans un espace fonctionnel et froid où chaque objet justifie sa présence selon un unique critère : celui de son utilité. À l'exception du dessin d'un moulin émergeant du dôme d'une végétation luxuriante, qui lui rappelle à quel point ses propres paysages lui manquent. Il lui remet sa clé USB sans attendre qu'elle lui en fasse la demande.

— Il y a des centaines de pièces, vous devez vous en douter…

— D'abord, je veux voir le rapport d'autopsie.

L'un après l'autre, Orsalhièr ouvre les fichiers dont Sénéchal souhaite prendre connaissance en priorité. Il ne formule pas le moindre commentaire. Il se contente d'apporter des réponses minutieuses à ses questions. Lesquelles sont ciblées et incisives. Aussi discrètement que possible, il déchiffre les notes qu'elle griffonne au fur et à mesure de son immersion dans le dossier Laborde et qui se répartissent sur deux colonnes, les points communs et les différences. Après une demi-heure de cet examen maniaque, l'Ariégeois n'y tient plus.

— Alors ?

— Il y a des analogies, admet Mathilde. Et beaucoup de contradictions. Laborde était dans la cuisine, affaissée sur une chaise, alors que Dussart était allongée sur son lit. On peut inviter une connaissance dans sa cuisine, mais dans la chambre, cela indique quelqu'un d'intime, de très intime. *Et on en revient au mari...*

— Une info complémentaire, si vous permettez. Pour Laborde, on a retrouvé un bout de papier d'emballage. On a supposé que le tueur aurait apporté un cadeau pour l'enfant et qu'il aurait profité du moment où elle l'a ouvert pour lui tirer dessus.

— C'est plausible. Où voulez-vous en venir ?

— Je me suis permis de lire ce que vous inscriviez… J'ai cru comprendre que votre victime avait de l'alcool dans le sang et peut-être des médicaments ?

— Oui, et ?

— Supposons qu'elle ait bu avec son assassin et qu'il ait versé d'autres substances dans son verre. Elle est prise de vertiges. Il l'accompagne à l'étage, lui propose de s'allonger un peu…

— Supposons, supposons… Des suppositions, on n'en manque pas. Il n'en demeure pas moins que si la présence de somnifères ou autres produits est avérée dans le cas de Dussart, cela démontre un modus operandi distinct de celui utilisé pour Laborde.

— Et alors ? Il ou elle a pu se perfectionner… Dix-huit ans, ça laisse du temps pour affiner la méthode.

— Justement. Un tel intervalle entre chaque meurtre, c'est inexplicable. D'autant que vous n'avez relevé aucun cas semblable jusqu'à aujourd'hui.

— Écoutez, s'irrite Orsalhièr, je n'ai pas fait mille kilomètres pour vous livrer le coupable sur un plateau. Et puis, ça veut dire, quoi, inexplicable ? Ça veut dire que l'explication nous échappe, c'est tout ! Est-ce une raison pour écarter l'hypothèse et refuser de la prendre en compte ?

Mathilde se raidit. Sa réplique fuse, aussi tranchante que son regard.

— À quel moment avez-vous entendu que je n'allais pas l'inclure dans mes réflexions ? De toute façon, le seul moyen objectif de relier ces deux crimes, c'est de passer par le fichier Cible et l'analyse balistique. On sera vite fixés.

Le montagnard bat provisoirement en retraite. Il ne partage pas le point de vue de l'enquêtrice. Si le fait que la même arme ait servi dans les deux homicides désigne presque à coup sûr le même auteur, l'inverse n'est pas vrai. Surtout si le tueur est intelligent. Il botte en touche pour détendre l'atmosphère. La dernière chose qu'il souhaite, c'est braquer son hôtesse.

— Qu'est-ce qu'elle a écrit, la petite ? On peut s'accorder cinq minutes de récréation, non ?

— Vous n'allez pas être déçu, grommelle Mathilde en lui remettant les feuilles. Je vais en profiter pour nous commander quelque chose à grignoter. À part des cafés, j'ai rien avalé depuis douze heures. Pizza, ça vous va ? Je n'ai qu'à traverser la rue et Adèle adore ça.

— Très bien, merci.

Orsalhièr se dit qu'Adèle doit posséder un talent très spécial pour avoir apprivoisé un spécimen aussi sauvage et rugueux que Sénéchal. À la première ligne, il retrouve sa bonne humeur. À la deuxième, son amusement se transforme en stupéfaction.

Le bébé a été enlevé par un sorcier indien (d'Asie) ou ougandais pour être offert en sacrifice lors d'une cérémonie religieuse. (Je précise que j'ai fait des recherches et que ça existe ! J'espère quand même que je me trompe et qu'il n'y en a pas à Lille...)
Le bébé a été enlevé par les membres d'une secte égyptienne parce qu'il est la réincarnation du dieu Seth. Ou par des satanistes qui pensent qu'il est le diable. Dans ce cas, il est vivant. Possible aussi qu'il ait été enlevé par un prêtre pour la même raison, mais ce serait bien triste pour lui. (C'est le film *Rosemary's Baby* qui m'a fait penser à ça. Je l'ai vu en streaming et ça fout vraiment les jetons. Bon, là, Mathilde, tu peux dire que ce sont des élucubrations, mais des fous qui élucubrent, ça existe aussi).

Le bébé a été enlevé par un réseau pédophile. Franchement, d'après ce que j'ai lu, vaudrait mieux qu'il soit déjà mort... À moins qu'ils les élèvent pour plus tard. (J'ai fait des recherches et j'ai vu qu'en Angleterre, en ce moment, il y avait une enquête et que ça touchait des gens du gouvernement. Ça fiche encore plus la trouille que le film de *Rosemary's Baby*, parce que, des cochonneries comme ça, il y en a dans tous les pays. Et puis la Belgique, c'est pas loin, je te fais pas un dessin.)
Le bébé a été enlevé pour que ses organes servent à sauver un autre bébé. (J'ai pas besoin de te faire un topo sur les milliardaires russes...)

Partagé entre rire et larmes, Orsalhièr se caresse le menton en s'interrogeant sur l'âge d'Adèle. Il tranche pour 13 au maximum. Mille fois autant. Adèle ignore si peu des horreurs qui gangrènent le monde depuis qu'il porte fardeau d'hommes. Et elle s'étonne du moche comme du beau avec une égale ingénuité. Réseaux pédophiles, trafic d'organes, sectes, réincarnations et promesses d'apocalypse, par un curieux cheminement, ces évocations font affleurer une réminiscence. Il se réinstalle devant l'ordinateur et visionne une série de photos prises chez les Laborde. *C'était où, déjà ? Dans le salon ? Non... Dans la chambre, c'est ça.* Face au lit, sur la commode se trouve la statuette en bronze dont le souvenir a ressurgi. Il y a vingt ans, combien de fois est-il passé devant ? Il l'a vue, oui. Maintenant il la regarde. C'est vrai qu'elle jure dans cet assemblage raté de meubles fabriqués en série et de posters à trois francs six sous. Comme si un œuf Fabergé était exposé à la page « Les Aubaines » du catalogue de La Redoute. *Sortir du cadre... Cette minotte est aussi vive qu'un bouquetin !*

LUI

La première fois, j'ai failli briser la paroi de verre à mains nues. Les lueurs des bougies faisaient onduler des couleuvres d'or sur ta peau. Ses mains montaient à l'abordage de tes seins. J'en ai crevé de le voir danser dans ton dos.

Tu as levé ton visage vers le miroir et j'ai pensé aux orchidées *Stanhopea*. Tu étais cette voltigeuse aux sucs capiteux, l'amoureuse immobile dont le bassin va et vient sous la brise et libère sa sorcellerie parfumée. Il était présomptueux et inconscient, l'insecte qui espérait te posséder. Dans le toboggan de tes jambes, il glissait, saoul, en poussant des ahanements ridicules.

Je l'ai oublié pour ne plus voir que nous.

Je suis resté derrière la glace, paumes accolées aux tiennes, âme vrillée aux soubresauts de tes reins. J'ai lu tes déclarations d'amour sur tes lèvres entrouvertes et bu les buées des plaisirs que cet homme croyait siens.

Oui, ils ont été nombreux à s'imprégner de tes écumes, à s'enivrer de tes pollens.

Pour te retenir, rien ne saurait être trop cruel ou violent. Même le poison de la séparation.

Tu en feras l'expérience bien assez tôt.

Toi aussi, ma belle, tu brûleras de l'autre côté du miroir. Cette paroi de verre te semblera froide et assassine. Tu te sentiras amputée, trahie peut-être.

Quand mon sexe se frayera un passage en faisant crier des inconnues, tu saigneras.

Alors je te regarderai comme tu m'as regardé. Je te susurrerai que je n'aime que toi.

Et tu sauras que ces femmes aux fades épidermes ne sont que des chairs à pétrir.

Toi et moi, liés à jamais. Même séparés. Comme les amants du diptyque.

C'est notre cadeau et notre malédiction.

Il y a encore de l'amour au bout de la mort.

Et toi, seras-tu prête ?

34

DIPJ, Lille, mardi 11 h 30

Dussart croise les bras sur sa poitrine. Il porte le costume bleu marine et la chemise blanche que sa mère, à sa demande expresse, lui a apportés tôt ce matin. Un fumet viril, presque agressif, de mousse de chêne et de musc l'enveloppe. Lazaret se demande quel genre de mari et de père penserait à se parfumer en pareille circonstance. Comme s'il lisait dans ses pensées, Dussart a rivé son regard au sien et ignore délibérément Sqalli. Les deux hommes évoluent sur un ring inaccessible à tout autre combattant.

— Je n'ai rien à ajouter concernant la matinée d'hier. J'ai dit tout ce que je savais à vos enquêteurs.

— Ce ne sera pas suffisant. Il y a d'autres points qu'il vous faut éclaircir.

Dussart tire sur les manches de sa veste, chasse un faux pli de son pantalon et se penche vers le policier.

— Vous avez fouillé la maison de ma mère, ma voiture, mon appartement ! Vous me traitez comme un suspect alors que je suis la victime. Mon fils…

Je ne sais pas où vous voulez en venir, mais s'il n'y a que ça pour que vous vous concentriez enfin sur les recherches, allez-y et qu'on en finisse. Vite !

Lazaret se redresse. Ses deux mains en appui sur la table, il domine son adversaire et le toise d'un œil mauvais. La facilité déconcertante avec laquelle Dussart passe du statut de persécuté à celui de persécuteur le hérisse.

— Vous n'êtes pas en position de dicter quoi que ce soit. Vous avez déclaré que votre séparation était une parenthèse et cette version n'est pas exacte. La tante de Chloé nous a affirmé que sa nièce souhaitait emménager définitivement cité Franchomme.

— Marie-Pierre, bien sûr… Une vieille fille aigrie qui n'a pas supporté que Chloé lui échappe. Elle serait prête à tout pour me nuire.

— Elle avait pris rendez-vous chez le notaire pour lui léguer la maison.

— Et après ? rétorque Dussart sur un ton las. Les manigances de Marie-Pierre sont si prévisibles… Elle a vu notre éloignement provisoire comme l'occasion de s'immiscer entre nous. Ce qu'elle a toujours fait. Elle vous a menti.

Un tic déforme le visage de Lazaret.

— Elle n'est pas la seule. Un autre témoin nous a révélé que Chloé lui avait demandé les coordonnées d'un avocat spécialiste des divorces. Vous le saviez ?

L'air accablé, Dussart se frotte les paupières et objecte qu'après la naissance de Quentin, Chloé était déprimée, lunatique, qu'il lui arrivait de dire une chose et son contraire à quelques minutes d'intervalle. Que pouvait-il faire d'autre que d'attendre que ça passe en l'entourant d'affection et de compréhension ? Lazaret inspire, les yeux à demi fermés. Il s'étire la nuque et fait craquer ses cervicales. La douleur dans son crâne, de sourde est devenue aiguë.

— Votre femme a noté les coordonnées de l'avocat dans son carnet d'adresses. C'est un fait.

Dussart se ferme. Il retoque la remarque de Lazaret avec une sobriété corrodée de chagrin. Chloé était sujette aux tocades, mais elle ne l'aurait jamais quitté, ne l'a jamais *vraiment* envisagé. Ils s'aimaient, serait-ce si difficile à admettre ?

— Cet avocat, contre-attaque Lazaret, qui vous dit qu'elle ne l'a pas contacté ?

Dussart s'immobilise, puis balaye la question de la main.

— Elle l'a fait ? Vous avez une trace de cet appel ?

— Peut-être ne lui en avez-vous pas laissé le temps…

— Je n'aime pas vos sous-entendus.

— Vous maintenez donc vos déclarations antérieures ?

— Je les maintiens parce qu'il s'agit de la vérité.

— Tu notes, Franck ?

Derrière son écran, Sqalli acquiesce et glisse une œillade carnassière à Dussart qui continue de lui opposer une indifférence totale. Lazaret serre les poings. Dussart est aussi complexe qu'un kaléidoscope. Certaines de ses facettes, cependant, présentent des angles trop vifs et d'autres ont la brillance artificielle du vernis. Comment faire imploser cette composition multiforme ? Et où est la vérité dans tout cela ? Car de vérité, il ne peut y en avoir qu'une.

— Nous pensons que la vérité est tout autre et qu'elle vous est devenue insupportable.

Les lèvres du père s'ourlent de dédain et son regard vibre d'une colère rentrée.

— Pensez ce que vous voulez, ça m'est égal. Tâchez de retrouver mon fils… si vous en êtes capable… Je peux y aller, maintenant ?

La réponse négative du chef de groupe claque, nette et impérieuse, en même temps que sa main s'abat sur la table. Dussart sursaute et tente de se redonner contenance en redressant le buste.

— Vous veniez d'accepter une mutation dans l'Est. Votre femme était-elle au courant ?

— Je comptais lui en parler lors de notre voyage à Londres. Et puis, il ne s'agit pas d'une mutation, mais d'une promotion. Chloé s'en serait réjouie, ajoute-t-il, abattu. Elle adore… Elle a toujours adoré Nancy…

Un sourire désabusé chiffonne la bouche de l'enquêteur. Ses longues mains glissent sur le bureau en direction du suspect. Elles pourraient facilement le saisir par le col de ce costume qu'il brosse pour la sixième fois. Elles en meurent d'envie.

— Je sais que vous mentez. Comme vous avez menti en prétendant que la dernière entrevue avec votre épouse remonte à la semaine dernière. Les caméras de vidéosurveillance qui vous ont filmé sur le parking du Marché U racontent une autre histoire. Vous avez appelé Chloé de votre appartement. Vous lui avez parlé de votre mutation ou de votre proposition de voyage à Londres ou les deux et elle vous a envoyé au diable. Elle vous a dit que c'était fini, qu'elle comptait demander le divorce et la garde de Quentin. Alors vous avez pris votre voiture, vous étiez tellement en colère… Parce qu'on ne vous quitte pas aussi facilement, n'est-ce pas ?

Le suspect a pâli.

— Je vois que vous comprenez enfin où je veux en venir. Vous vous êtes garé sur le parking. Mais ce n'est pas à ce moment-là que vous l'avez assassinée. D'abord, vous avez rendu visite à votre maîtresse. Vous aviez besoin de vous passer les nerfs, de vous venger sur quelqu'un. Lorsque vous avez étranglé et violé Rousselet, c'est à Chloé que vous pensiez ?

— Vous… vous faites une terrible erreur…

— Vous avez perdu la tête ! J'ai vu les ecchymoses et les marques de strangulation. Ça, c'est aussi un fait ! Nous avons perquisitionné votre appartement quai du Vault, celui que vous réservez à vos sauteries. Nous y avons trouvé une abondante documentation sur les armes. Encore un fait ! Votre personnage du mari amoureux qui tente de recoller les morceaux, c'est une vaste fumisterie. Ça va faire vingt-quatre heures que des centaines de personnes retournent la région dans l'espoir de sauver Quentin. Je n'ai pas envie de jouer et vous n'êtes pas de taille. On va repartir de zéro et revenir à l'essentiel. À quel moment exactement êtes-vous revenu voir votre femme ? À quel moment lui avez-vous mis une balle dans la tête ? Qu'avez-vous fait de votre fils ?

Blême, doigts agrippés aux accoudoirs, Dussart s'est reculé sur le fauteuil. Ses pupilles tressautent en direction du plafond.

— Vous n'avez pas le droit ! rugit-il après une poignée de secondes. Ma femme est morte, mon fils a disparu, Dieu sait ce qu'il lui est arrivé… J'en ai assez enduré, je veux rentrer chez moi !

— Rentrer chez vous ? Vous êtes complètement à côté de la plaque ! Je reprends. Dans l'ordre. Qu'avez-vous fait après avoir quitté Marie Rousselet ?

— Vous essayez de me piéger ! Je ne dirai plus rien. Je veux partir. Tout de suite !

— Dans ce cas, vous ne me laissez pas d'autre choix que celui de vous placer en garde à vue. Si vous n'avez rien à vous reprocher, répondez à nos questions. Arrêtez de nous enfumer et de nous prendre pour des cons ! Parce que le temps que nous passons à vous tirer les vers du nez, c'est autant que nous ne consacrons pas à votre fils. À moins qu'il ne soit moins important que votre réputation ? À moins que vous n'ayez pas intérêt à ce qu'on le retrouve ?

Dussart fulmine en silence, puis articule d'une voix blanche :

— Je ne dirai plus rien. Je veux un avocat.

Lazaret se lève brusquement. Dans le mouvement, les articulations de ses jambes craquent. Le temps d'un flash, il se voit saisir Dussart à la nuque et lui coller son flingue derrière l'oreille. À l'endroit précis où la balle a pénétré le crâne de Chloé. Et si c'était la seule manière de faire éclater la vérité ?

— Franck, tu lui lis ses droits.

35

Lille, quartier de Wazemmes

Rivé à l'écran de l'ordinateur, Orsalhièr tape les mots-clés « statuette, Égypte, dieux » et lance une recherche d'images sur le Net. Bingo ! Sur la première page, il repère une photographie identique à la reproduction des Laborde. Le bronze représente Osiris, debout, coiffé de sa couronne, les mains croisées sur la poitrine, l'une tenant un sceptre, l'autre ce qui ressemble à un éventail. L'ancien flic ouvre aussitôt plusieurs onglets traitant du sujet et les parcourt en lecture rapide. « Osiris, roi défunt vainqueur de la mort, maître de vie, de l'univers, des millions d'années, qui préside au grain, au renouvellement de la végétation, au cycle des saisons, Osiris dans le ciel, dans la terre et en toutes places. Osiris qui régit l'éternité… » *Comme quoi, le cumul des mandats, ça ne date pas d'hier ! Il ne devait pas manquer de boulot ni d'adorateurs, celui-là !* Orsalhièr clique sur un lien vidéo promettant la révélation de ses mystères. Après seulement quelques secondes d'un galimatias accommodant civilisations perdues, prêtres initiés et sociétés secrètes à la sauce de la réincarnation, le tout saupoudré d'éveil de la conscience cosmique, il referme les fenêtres et efface son historique de recherches. *Et maintenant, qu'est-ce que tu fais de ça ? Rien. Si tu lui en parles maintenant, tu passeras pour un hurluberlu et tu grilleras toutes tes chances d'accéder au dossier Dussart. Mets l'info de côté pour l'instant. Si elle a du sens, tu sauras lequel à l'étape suivante. Si elle te consent un laissez-passer...*

Le montagnard se poste à la fenêtre pour guetter le retour de Sénéchal. Elle ne tarde pas à apparaître, les bras encombrés d'un sac et de cartons à pizzas. Il n'est pas seul à l'attendre. Par l'odeur alléchée, Adèle, tout sourire, fait son entrée en scène dans un concert d'exclamations joyeuses. Collé à ses basques, le chien sans nom traverse la cour et se vautre sur le paillasson d'en face. À croire qu'il a fait ça toute sa vie.

Dans la cuisine, la petite invitée ouvre placards et tiroirs et met la table en deux temps, trois mouvements. Ce n'est pas la première fois qu'elles improvisent un pique-nique. Tout en accomplissant ses tâches à grande vitesse, la fillette commente les résultats de ses *travaux d'enquête*, les illustrant d'exemples à la pelle, certains farfelus, d'autres inspirés de faits divers. Adèle papote et pépie. Quand ils ne sont pas occupés, ses doigts battent l'air et volettent. De temps à autre, ils mettent les voiles vers les hauteurs, dispersant la nuée de paroles enjouées, pour graver, au ciel de ses divagations, une pensée triste et profonde. Alors, dans une navigation grave et lente, ses mains plongent et se replient sur sa poitrine. L'Ariégeois en a le cœur tout embué. S'il s'était laissé faire une fille, il aurait aimé une Adèle. S'il avait eu une Adèle, ses chagrins, grands ou petits, lui auraient rongé les os et ses joies lui auraient élevé l'âme. *Par chance, tu n'as pas de gosse et c'est pas un hasard !*

Mathilde, elle, rabroue et houspille en rappelant que le temps passe mais avec un sourire au coin des lèvres qui ne demande qu'à se faire la belle. Le déjeuner expédié, Adèle retourne dans ses pénates en emportant le rab que « Trop cool-Mathilde » lui a empaqueté. Orsalhièr soupçonne l'enquêtrice d'avoir surévalué la commande dans ce seul but.

— Alors, qu'est-ce que vous décidez ?

Mathilde se campe face à lui, ses yeux gris se plissent, l'évaluent. *Gaffe, Pierrot ! On dirait un chat sauvage avant l'attaque*. Il retient sa respiration.

— Cette histoire a presque vingt ans et vous traversez la moitié de la France… Il y a quelque chose de plus personnel que vous ne m'avez pas dit. Je veux savoir quoi.

Ce coup-ci, c'est quitte ou double.

— Le mari, le suspect, la victime collatérale, appelez-le comme vous voulez, concède l'ancien flic, eh bien, il s'est suicidé alors que j'étais encore dans son jardin. Je l'avais reconduit chez lui après sa garde à vue… Au cours de l'interrogatoire, on s'est relayé pour le pousser dans ses retranchements et… j'y ai pris plus que ma part.

— Vous vous sentez coupable de ce qu'il lui est arrivé ?

Orsalhièr prend le temps de la réflexion pour délivrer une réponse honnête.

— Non, je me sens responsable de la manière dont cette enquête a été menée… Je devrais plutôt dire bâclée. Il y avait la pression des médias, de la hiérarchie… On a voulu aller trop vite. Le mari s'est retrouvé dans le collimateur et tout le monde se comportait comme si l'affaire était dans le sac. Quand il s'est flingué, la plupart ont fini par s'en convaincre…

— Sauf vous.

— Sauf moi. Parce qu'il y a une sacrée différence entre « être convaincu » d'avoir identifié le coupable et en apporter la preuve. La dépouille de cet enfant doit être ramenée à sa grand-mère. Je ne peux pas me faire à l'idée qu'elle pourrisse quelque part dans un bois, une cave ou le diable sait où. Je ne suis pas croyant, hein, c'est juste une question de respect, un devoir de mémoire… Je veux savoir. Vous pouvez comprendre ?

— Oui.

La réponse de Mathilde a jailli avec une conviction qui l'étonne elle-même. L'argument d'Orsalhièr a chaluté un substrat intime dont elle ignore l'origine et la composition. Un bref instant elle a cru percevoir la fraîcheur pétillante et citronnée des eaux vives. Celui d'après, la brûlure d'une feuille de menthe. Mathilde inspire, la main posée sur son ventre. Orsalhièr se sent devenu transparent.

— Je vais appeler mon chef de groupe. Nous ferons en sorte que vous ayez accès au dossier, mais vous faites vos recherches de votre côté. En aucun cas, vous n'interférez dans notre enquête. Au premier dérapage, vous êtes viré, c'est clair ?

Mathilde évite le sourire solaire qui réchauffe le visage de l'Ariégeois. Elle a déjà saisi ses clés de moto. Une certitude l'a frappée avec la force de l'évidence. Elle aussi veut savoir. Sa vocation de flic se résume à cela.

36

DIPJ

Le court trajet à moto l'a lessivé. Orsalhièr a détesté les accélérations intempestives de Sénéchal et ses incessants louvoiements pour éviter de se laisser engluer dans le trafic. Tout du long, il a eu la trouille. Et pourtant… Se plaquer contre son dos nerveux, percevoir sa chaleur et lui enlacer la taille lui a été agréable. Plus qu'il ne l'aurait cru. *T'es en train de filer un mauvais coton. Faut te ressaisir…*

— Vous êtes remis ? se moque ouvertement Mathilde. Fallait me dire que vous aviez peur à moto, on aurait pris votre voiture.

— Non, c'est pas tout à fait ça, c'est juste que… Pas grave… J'ai survécu, non ?

Dès le démarrage, et à la manière dont son passager lui a empoigné le blouson, Mathilde a deviné son appréhension. Elle aurait pu décélérer et opter pour une conduite en souplesse. Elle aurait pu… Mais de sentir ce grand gars pas tout à fait domestiqué se raccrocher à elle, comme un naufragé à sa planche de salut, a réveillé son côté joueur et l'a émoustillée. Son « informateur » sur les talons, Mathilde allonge le pas. Ce qui l'amusait tout à l'heure, maintenant la contrarie. A posteriori, elle juge sa réaction puérile et inappropriée. Avant de pousser la porte de la salle de réunion, elle respire l'intérieur de son poignet. Rien de tel que l'amertume du pamplemousse pour se vivifier l'esprit.

Les présentations sont sommaires et, au grand soulagement d'Orsalhièr, la curiosité l'emporte sur l'hostilité. Sur l'invitation de Lazaret, il s'installe entre Delage et Muller. La chaise à la droite du big boss est vide. À l'évidence, cette place est réservée. Mathilde répond d'un signe du menton au regard de Lazaret. Le moral du photographe en prend un coup. *Et tu croyais quoi ? Qu'il n'y avait qu'Adèle dans sa vie ?*

— Le topo, embraye Lazaret, sans plus de préambule. Dussart s'entretient en ce moment avec un avocat commis d'office. Il a réfuté les témoignages de la tante et refusé de répondre à toutes nos questions. Statu quo. Pas d'aveux, pas d'arme, et surtout, concernant l'enfant, c'est le noir absolu. Tant que nous n'aurons pas de preuve directe de la culpabilité du père, nous continuerons d'étudier toutes les possibilités…

Lazaret s'interrompt et serre les mâchoires. Dans la crispation de ce visage taillé à la serpe, l'Ariégeois lit des tourments qu'il a partagés. *Si c'est le père qui a fait le coup, le gosse est mort, ça fait pas un pli*... Les deux hommes se dévisagent. Mathilde a l'impression de les voir penchés au-dessus de la tombe de Quentin.

De son coude, elle cogne celui de Lazaret qui tressaille et hoche la tête avant de désigner Orsalhièr.

— Parmi ces possibilités, il y a l'affaire Laborde sur laquelle je viens de vous briefer. Mathilde estime qu'on doit s'y intéresser de plus près. Alors voilà comment on va procéder. Franck et moi, nous nous relayons sur la GAV. Mathilde coordonne les descentes chez les maîtresses de Dussart, puisque maintenant on a accès à ses contacts privés. On fait pas dans la dentelle, tout le monde y passe. L'IML vient de me communiquer les résultats des analyses toxicologiques. Ils ont décelé la présence de flunitrazépam. Sylvie, tu prends un gars et tu retournes aux domiciles de la femme et du mari. Cherchez du Narcozep ou du Rohypnol. Dédé, tu continues de fouiner dans l'entourage de Chloé. Ce genre de médoc, quand il n'est pas utilisé par des violeurs, est aussi prescrit dans les cas de dépression. Arrêts maladie à répétition, deuil, rupture, licenciement, au moindre accident de parcours, tu envoies des collègues.

— Ça roule, patron, je suis le spécialiste des nanas borderline.

— Avant ce soir, promet Lazaret, tu en feras une indigestion, c'est garanti. Monsieur Orsalhièr…

— Pierre, Pierre… Et on peut passer au « tu ». Après tout, j'ai été de la maison. Surtout… merci de m'accepter.

— Va pour Pierre. Je ne connais pas Romain Auriol personnellement, mais j'ai des collègues qui ont bossé avec lui. Un bon flic. C'est aussi un peu grâce à lui que tu as eu ton ticket d'entrée.

Orsalhièr ignore si cette remarque recèle un double sens et lequel. Dans le doute, il délivre un assentiment prudent et silencieux. Impassible, Lazaret en accuse réception et pose sa main sur l'avant-bras de Mathilde.

— Mathilde te donnera accès aux infos dont nous disposons. S'il y en a une qui matche avec ton affaire, tu lui en parles. Mathilde, tu supervises l'ensemble et tu me rends compte aussitôt qu'il y a un élément nouveau. Franck et moi, on va avoir besoin de billes pour faire sortir Dussart de sa réserve.

— Justement, intervient Mathilde, le PC et le téléphone de Dussart, ça a donné quelque chose ?

— Ils sont en train de remonter les adresses IP des avatars avec lesquels Dussart a discuté armes et cherchent à établir des connexions avec ses appels téléphoniques. C'est notre meilleure chance… Dès qu'on les a localisés, tu m'informes dans la seconde. Pas question d'aller rendre visite à des zozos qui trafiquent dans ce business sans un minimum de logistique. J'ai lu quelques échanges sur les forums, il y en a qui sont fin prêts pour la Troisième Guerre mondiale. Une dernière chose. Cette histoire fait la une de tous les médias. Le proc est sur les dents et par voie de conséquence, nous sommes sur la sellette. Aucune info ne sort de ces murs. Allez, on s'y remet et on y croit !

Lazaret se lève et se positionne en retrait près de la porte. Au passage, il donne une bourrade amicale à Delage, qui file, pressé d'éplucher ses listings. Il observe le « flic défroqué » qui se déplace dans le sillage de Mathilde. Si son style le met à part des autres, le chef de groupe lui reconnaît un mérite majeur, celui de ne pas avoir lâché l'affaire, même dix-huit ans après. Ce qu'il n'aime pas, c'est la pointe d'envie qui lui picore le cœur.

Lazaret secoue ses épaules. Il a perçu l'hésitation de Mathilde qui se retourne sur le seuil et lui décoche une mimique interrogative à laquelle il répond par un pouce levé censé la rassurer. Quelques secondes encore, et Lazaret quitte la salle désertée avec la sensation d'être un gladiateur lâché dans une arène où une bête enragée chasse l'autre. Son armure déglinguée ne tient plus qu'à de petits riens, des bouts de fils de fer. Fer, c'est la couleur des yeux de Mathilde quand la peur y coule.

Lazaret tapote son paquet de cigarettes au travers de sa poche. Il a besoin de s'en griller une.

L'heure du deuxième round avec Dussart a sonné.

37

DIPJ

Mathilde est repartie à la direction des opérations après avoir installé Orsalhièr au poste de travail de Muller et chargé Delage de lui donner accès au dossier. « Installé » est un bien grand mot, « largué » serait plus proche de la réalité. Sénéchal a été on ne peut plus claire. Orsalhièr est sur un siège éjectable. Il enlève sa doudoune, cherche un endroit où l'accrocher, puis la laisse choir sur le bureau d'un geste résigné. Delage le scrute avec un intérêt non dissimulé.

— Moi, c'est Dédé. Tu étais flic, avant, c'est ça ?

— Oui.

C'est un demi-mensonge. La mort de sa petite sœur retrouvée violée et étranglée sur les bords de la Garonne lui a donné une raison de signer pour le job sans que cela suffise à faire de lui un flic. Le cliquetis des menottes ne lime pas le chagrin, ne couvre pas le zip de la housse mortuaire qui dit « T'arrives trop tard ». Quand celle de Martin Laborde s'est refermée,

Orsalhièr a su qu'il était passé du mauvais côté de la barrière. Cette première fois a été celle de trop.

— Tu fais quoi, alors, maintenant, si tu n'es plus flic ?

L'interrogation de ce lieutenant un peu rondouillard est moins anodine qu'il n'y paraît. En forme de poupée russe. Cesse-t-on d'être flic ? Y a-t-il un après ? Qui es-tu ? Orsalhièr est tenté de répondre que le métier a bien failli avoir raison de l'homme qu'il était, qu'il s'en est fallu de peu qu'il ne bousille ses « après ». Il a envie de dire qu'à présent il est libre. Ce n'est pas tout à fait vrai, il lui reste une ultime entrave à délier.

— Photographe et un peu guide de haute montagne dans les Pyrénées.

— Ton homicide, ça fait un bail ! Tu es du genre persévérant… Remarque, je comprends, hein. Les affaires qui concernent les gosses, y a pas de blindage qui tienne…

Delage colle son poing contre sa tempe et le tourne comme pour le visser.

— J'ai beau essayer de me les sortir de la caboche, pas moyen. Il suffit que je ferme les yeux et j'ai leur petit visage devant moi. Ceux qui font du mal aux enfants, c'est les pires, pas vrai ?

La dernière image de sa petite sœur s'imprime dans l'esprit d'Orsalhièr. Elle avait le même rire cristallin que celui d'Adèle. *S'y faire, c'est crever du dedans.*

— Les pires, oui.

— Ouaip… Bon, tu veux voir quoi, en premier ?

— Les photos de l'intérieur et de la scène de crime. Toutes les photos, en fait. Après, je lirai les éléments que vous avez récoltés jusqu'à maintenant, y compris les PV et les listes sur lesquelles tu es en train de bosser. Autant ne pas faire les choses à moitié !

— Ben, ce serait bête ! On peut pas dire que tu fasses une enquête de proximité, hein ! Puis, avec Mathilde…

Delage s'interrompt, se gratte le menton, et reprend sur le ton de la confidence :

— Elle est moins piquante qu'il n'y paraît. Surtout, elle est comme ça. (Sa main en couperet, le lieutenant dessine une ligne droite dans l'espace.) Faut s'habituer, c'est une question de temps.

Sur ces paroles, il se lève, allume l'ordinateur de Muller, rentre le mot de passe et explique à son collègue d'un jour où trouver les dossiers qui l'intéressent.

— La nouvelle, elle a tout scanné. Qu'est-ce que tu veux, ils ont grandi là-dedans ! Avec mes méthodes à l'ancienne, je passe pour un dinosaure ! Bon, c'est pas tout, mais, à partir de maintenant, va falloir que tu te débrouilles tout seul. Tu vas t'en tirer ?

L'Ariégeois sourit. Il y a du Jehan croisé avec le commissaire Maigret chez ce flic qui lui semble de plus en plus sympathique. Il ouvre une série de photos prises en extérieur. Vues des quatre façades et du jardinet. L'architecture et les couleurs diffèrent, mais il s'agit du même type d'habitation que celle des Laborde. Située dans un quartier résidentiel, une maison individuelle ceinte de hauts murs de parpaings qui l'isolent des regards. *Et des témoins… Voyons voir à l'intérieur*. L'entrée, la cuisine ouverte sur le salon éclairé par une baie vitrée. Les meubles sont rares, la décoration au mur, inexistante. Une table ronde, un canapé rouge, un plaid, un tapis à mèches hautes qui occupe la moitié de la surface au sol, des photophores et des bougies de toutes tailles. Moderne et de bon goût, dans un style dépouillé. *Mmm, non, pas de statue...* Orsalhièr se souvient que la victime n'a emménagé que récemment. *Peut-être que tu ne cherches pas au bon endroit. Faudra que tu penses à demander à Sénéchal, si elle aurait vu quelque chose d'approchant dans l'appart du mari.* Les photos de la victime, maintenant. Il fait le vide en lui. D'abord, les plans larges. Le visage cru de la mort ne le cueillera pas par surprise. Chloé est allongée sur le dos, sa tête calée sous un coussin, ses bras alignés dans le prolongement de son corps. Si ce n'est la laque brunâtre qui pègue ses cheveux clairs au-dessus de sa tempe, on pourrait croire qu'elle se repose. Ses traits n'ont pas été altérés. *Une belle femme. Comme Karine. Et même Martin... Avant qu'il ne se fasse exploser la cervelle.* Rien sur les chevets qui attire l'attention d'Orsalhièr. Posée, sur la coiffeuse, une boîte à bijoux tout ce qu'il y a de plus banale. Cliché suivant. Vue plongeante rapprochée. Il ravale sa salive. La teinte et la texture de la carnation ne laissent planer aucun doute sur la funeste condition de « l'endormie ». Orsalhièr farfouille dans les poches de son anorak. Il a besoin de sucre. Il croque distraitement dans sa barre énergétique et reprend son visionnage. Fin du diaporama. Si Chloé possède une statue d'Osiris, elle n'a pas été photographiée.

Orsalhièr se laisse aller en arrière. Après tout, il l'a dit lui-même à Sénéchal, en dix-huit ans, le meurtrier a pu modifier sa façon d'opérer. L'Ariégeois se gratte la tête. Et si lui aussi devait changer sa façon de penser ?

C'est peut-être un dessin, un papyrus, ou quelque chose de plus petit comme...

L'Ariégeois revient sur les gros plans du corps et zoome sur la poitrine de la victime. À la naissance de ses seins, il y a un pendentif doré. *Un genre de croix pas très catholique...*

Il lance une nouvelle recherche sur le Net et fait défiler les pages en se concentrant sur les illustrations. *Merde ! C'est pas vrai...*

Ce que Chloé porte à son cou est un « pilier Djed », or c'est la colonne vertébrale d'Osiris.

38

DIPJ

Lazaret ne se voile pas la face. Cette deuxième confrontation avec Dussart est une défaite aux points. Sqalli et lui ont boxé un adversaire qui est resté dans les cordes, avec une souplesse qui laisse à penser que l'homme est rompu à l'exercice. Son regard aussi dense qu'une coulée goudronneuse a fait écran. À chaque coup, Dussart a opposé une parade. Se serait-il préparé à l'épreuve ? La question tarabuste Lazaret tandis qu'il relit ses notes.

L'explication du suspect sur la présence des documents liés aux armes est « enfantine », il s'intéresse au sujet, tout comme il se passionne pour les montres de luxe, sans posséder ni les unes ni les autres. Si ces magazines se trouvent dans cet appartement inconnu de Chloé, c'est pour la seule raison qu'elle n'approuvait pas ses goûts en la matière. « Dont acte. Par respect pour elle, je les lui ai sortis de la vue. » Aussi rationnels qu'apparaissent les arguments de Dussart, Lazaret n'y voit que des esquives.

Sur le sujet du contenu de sa dernière conversation avec Chloé, Dussart a prétendu qu'elle était d'ordre privé et sans rapport aucun avec les circonstances de sa mort et celles de l'enlèvement de Quentin. Hors sujet également la nature de ses relations avec Rousselet, sa maîtresse. Lazaret s'est demandé si l'avocat lui a conseillé cette ligne de défense ou si c'est Dussart lui-même qui a élaboré ce baratin. Il grince des dents en alignant les clichés du cou et de la poitrine de Rousselet. Le terme d'esclave lui semble plus adéquat que celui de maîtresse.

En quelques mots articulés sur un ton neutre, Dussart a requalifié les accusations des policiers. Un tour de passe-passe banal. Pour travestir la réalité, en supprimer des pans entiers, il suffit de manipuler le langage. La souffrance devient plaisir, la contrainte se fait jeu, la soumission sous emprise de Rousselet vaut permission. « Un jeu sexuel entre adultes consentants. » En déplaçant le champ sémantique, la réalité du viol disparaît. Ni victime, ni bourreau, c'est si simple… « Marie, elle aime ça. » Les phalanges de Lazaret heurtent le plateau de la table. Et si Dussart, dans son délire, voyait l'assassinat de Chloé comme un ultime acte d'amour ?

Deux coups discrets frappés à la porte coupent court aux pensées du commandant. Il a reconnu le « phrasé » de Mathilde. À la lumière qui vibre dans les prunelles de son adjointe au moment où elle entre, Lazaret comprend qu'une issue vient de s'ouvrir sur l'impasse dans laquelle ils s'enferrent.

— Je t'écoute.

— Les analyses du PC et du portable de Dussart, on a une touche. Il a pris contact avec un certain Sam Nowak qui a déjà écopé de six mois pour détention d'armes. Nowak tient un café avec son frère à Roubaix et, si tu veux mon avis, ils ne servent pas que des demis.

39

DIPJ

Tandis que Delage enchaîne briefings, coups de fil et accumule les feuilles orphelines, Orsalhièr survole la frénésie ambiante. Dix-huit ans en arrière, il a été emporté dans le flux et la fièvre de l'action. Aujourd'hui, il s'en méfie, comme l'ancien alcoolique d'un chocolat à la liqueur. Il prend le temps de s'imprégner de ce qu'il lit. Plus il s'initie à la spiritualité égyptienne, moins il est optimiste.

Le terme « djed », qui signifie stabilité et durée, semblait prometteur, mais il a vite déchanté. D'abord en découvrant qu'Osiris avait été victime d'un fratricide et que le meurtrier n'était autre que Seth. « Les adorateurs de Seth » suspects numéro 1 ? L'idée aurait plu à Adèle. Le fait est qu'en seconde lecture, il ne l'a pas trouvée aussi extravagante. Le pilier Djed est mentionné dans le Livre des morts et associé à des rituels funéraires et même de régénération. De toutes les hypothèses qu'il envisage, aucune ne prête à sourire. *D'autant qu'il y a ces taches de sang. Celui de tout petits bébés. Et si les mères ne comptaient pas ?*

Orsalhièr apostrophe son voisin qui marmonne de plus belle en inscrivant le nom d'un nouveau suspect sur un Post-it.

— Excuse-moi, Dédé, je me demandais si par hasard, les Dussart, l'un ou l'autre, peu importe, versaient dans l'ésotérisme ?

— L'ésotérisme ?! Tu me rappelles la définition exacte de ce gros mot ?

— Mmm, tout ce qui pourrait tourner autour d'une initiation à des mystères, avec une connotation religieuse ou philosophique, tu saisis ?

— Genre alchimie, sectes secrètes, *Da Vinci code* et autres Illuminati ?

— Genre, oui.

— Écoute, je n'en sais rien. Pour tout dire, on n'a pas creusé le sujet. Pourquoi, c'était le cas des Laborde ?

— Je l'ignore, murmure Orsalhièr, songeur. Et je me demande si on n'a pas laissé passer quelque chose.

— Qu'est-ce qui te fait penser que les Dussart pourraient tremper dans ces trucs mystiques ?

— C'était une idée comme ça… Et dans la région, tu sais s'il y a des sectes ou des associations religieuses en rapport avec l'Égypte ?

Les yeux de Delage ont la taille de soucoupes.

— Dans le Nord ?! Ils seraient loin de leur base, tu crois pas ? Et puis, je vais te dire, on n'a pas besoin de chercher les églises parallèles, on a déjà assez à faire avec les officielles, si tu vois ce que je veux dire.

Orsalhièr soupire en se triturant le lobe de l'oreille.

— Tes questions, le relance Delage, tu les sors d'où ? Parce que si tu as mis le doigt sur quelque chose, faut le dire.

J'élucubre, comme Adèle...

— Non. Les questions, je me les pose justement. Ah ! C'est trop tôt, faut que je lise tout le dossier...

La sonnerie du téléphone vient tarir les tergiversations d'Orsalhièr. Le lieutenant lève la main en signe d'excuse en même temps qu'il décroche. Dans la seconde qui suit, l'expression de son visage s'est métamorphosée. Concentré, en alerte, il balance des « oui » brefs et des « d'accord » entendus. Puis il se lève en jetant un regard critique sur la pagaille de son bureau.

— On reprendra cette conversation plus tard, si tu veux ? Je dois remplacer le commandant.

Orsalhièr s'est levé pour se mettre dans le passage de Delage. Le lieutenant de Sénéchal ne le regarde plus en face et il a cette manière si révélatrice de rentrer les lèvres. *Celle du mec venu présenter des condoléances.*

— Dis-moi ce qui se passe.

40

Roubaix, quai de Toulon

Cernée de friches industrielles à l'abandon, la devanture de *L'As de pique* affiche un air de guingois en rapport avec son enseigne. Sa façade taguée et décrépie suinte l'humidité d'un ciel bas et des berges frangées d'herbes hautes du canal tout proche. Le bois flotté de ses menuiseries pèle en longues écailles autrefois blanches. À la fin de l'hiver, une saison qui s'éternise dans ces contrées septentrionales, il aura achevé sa mue. Mathilde plisse les narines dans une grimace de dégoût. L'air, saturé d'eau, charrie un pot-pourri dont les notes de tête mentholées lui écorchent les sens et affolent des souvenirs fragmentés. La vision de l'enquêtrice se trouble, son centre de gravité est aspiré dans la houle interne qui lui bringuebale l'estomac. Elle titube. Son binôme, un agent en uniforme, s'alerte de ce soudain malaise.

— Capitaine ? Qu'est-ce qui ne va pas ?

Cassée en deux, une main en appui sur son genou, Mathilde, qui ne respire plus depuis trente secondes, se contente de faire non de la main. Elle sort un flacon de sa poche et y plonge son nez. Huiles essentielles de citron, de lavande et de mandarine. C'est le seul remède qu'elle ait trouvé pour contenir les manifestations de sa phobie. Après quatre profondes inspirations, la pâleur de son visage s'est estompée et les mouvements convulsifs de ses paupières ont cessé. Elle aspire une goulée d'oxygène par la bouche et se redresse, en colère contre elle-même.

— C'est bon, c'est bon, rien de méchant. On peut y aller. C'est OK pour vous ?

— OK, mais, vous… vous êtes sûre que…

— … Pas de mais. Tout va bien pour moi. Si vous êtes prêt, alors on entre. Hâte de causer avec ce Sam Nowak.

L'unique salle du café est plongée dans la pénombre. La lumière cendrée du dehors, sassée par les vitres crasseuses, s'éteint à mi-parcours. En sourdine et sur le ton de la litanie, une radio égrène les résultats des matchs de foot de la veille. Le linoléum gras accroche les semelles des deux policiers tandis qu'ils louvoient entre les tables inoccupées. Au comptoir, un homme de profil, dont il serait hasardeux d'estimer l'âge, fume une brune sans filtre en lisant le journal. Derrière le zinc, un rouquin sert une pression. Ses yeux se réduisent à des fentes qui exsudent la méfiance. Mathilde lui présente sa carte de police. Simple formalité. Pour avoir étudié sa « carrière judiciaire », elle sait qu'elle s'adresse à un habitué.

— Jacques Nowak ? On aimerait parler à votre frère.

— Jacques ? (L'homme laisse échapper un rictus.) Ça fait vingt ans que ma mère est morte et que j'ai pas entendu ce prénom. Moi, c'est Jacky. Vous voulez voir Sam, c'est ça ?

— Sam, oui. Vous êtes sourd, ou quoi ? Et puis, vous n'avez qu'un frère, que je sache.

Le patron lève les paumes de ses paluches, l'air de dire « il est pas là, voyez bien ».

— J'sais pas où il est. Il est majeur, hein, quand il sort, il m'dit pas où il va. Et qu'est-ce qu'elle lui veut, la police ? ajoute-t-il en haussant la voix.

L'unique client avale sa Stella d'un trait, abandonne deux euros sur le journal qu'il vient de replier et s'éclipse sans demander son reste.

Un sourire félin retrousse les lèvres de l'enquêtrice.

— Vous pouvez nous servir quatre cafés, s'il vous plaît ?

— Quatre ! Mazette ! Savez qu'la caféine, ça énerve, faut pas en abuser si… Qu'est-ce c'est que ce bordel !

Un concert de bouteilles renversées et de jurons s'échappe d'un passage que l'on devine à peine, au fond à droite de la pièce. La version plus jeune de « Jacky » fait son apparition, encadrée d'un agent et de Lazaret qui le tient fermement par le col de son blouson. Le cadet des Nowak chante le refrain connu du « Vous n'avez pas le droit ! Vous vous trompez de personne ». Une vraie scie.

— Et voilà Sam ! s'amuse Mathilde. Finalement, il n'était pas si loin, il suffisait de l'attendre au bon endroit. Bien, maintenant que la famille est réunie, vous allez rester bien tranquillement dans votre coin, pendant qu'on va discuter un peu avec votre petit frère. D'après ce que je vois, il n'y a pas foule. Ce n'est pas vraiment un lieu de passage par ici. Votre commerce n'a pas l'air très florissant, je me trompe ?

— Y avait pas à se plaindre jusqu'à ce que vous vous pointiez.

Indifférente à la bravade, Mathilde adresse un signe à l'agent qui l'accompagne, lequel vient se placer derrière le bar, pour tenir l'aîné des Nowak à l'œil.

Sénéchal rejoint Lazaret qui s'est installé à une table en compagnie de « sa prise ». Le second agent retourne la pancarte de la porte puis donne un tour de clé. *L'As de pique* est provisoirement fermé au public.

— Il t'a donné du fil à retordre ?

— Même pas. On l'a cueilli comme un fruit mûr. Il nous est pour ainsi dire tombé dans les bras.

— La prochaine fois, c'est moi qui prendrai la sortie de secours, sans quoi je vais finir par perdre tous mes réflexes.

Lazaret consent un « Si tu veux » articulé du bout des lèvres sans aller au bout de sa pensée. Tant que Mathilde sera dans son équipe, il fera en sorte de la tenir à l'abri des balles.

— Tu sais quoi ? attaque-t-il en frappant dans ses mains. On va s'épargner cette première partie où tu vas jurer tes grands dieux que tu ignores ce qu'on te veut, où tu vas faire semblant de ne pas comprendre nos questions et où on va tourner en rond. Parce que, quoi que tu dises, quels que soient tes mensonges, au final, tu vas parler. Tu devines pourquoi je suis si sûr de moi ?

Nowak se frotte le dos de la main sans répondre. Ses yeux bovins fixent le policier, sans rien révéler de ses pensées. À ses traits taillés à la grosse et paralysés par l'hébétude, il émarge dans la catégorie amateur plutôt qu'en première division. Lazaret laisse filer les secondes sans relâcher son emprise.

— Il y a quatre excellentes raisons. La première, c'est que j'enquête sur un homicide et un kidnapping. La deuxième, c'est que, du coup, et comme la vie d'un bébé est en jeu, je n'ai pas de temps à perdre en conneries. La troisième, c'est que je dispose de la preuve que tu as causé flingues avec un certain « darkmaster », alias Vincent Dussart, et que vous vous êtes téléphoné à sept reprises la semaine dernière. Avoue qu'avec ton casier, ça fait tout de suite mauvais effet. La quatrième, c'est que justement dans le cadre de cette enquête qui, je te le cache pas, nous met un peu sur les nerfs, j'ai le pouvoir de retourner tout l'immeuble de la cave au grenier, de désosser ta bagnole, de labourer ton jardin et même de cureter tes canalisations. Tu as des choses à te reprocher, sinon tu n'aurais pas cherché à te barrer par l'arrière-cour. Alors crache le morceau et vite ! Ça pourrait plaider en ta faveur. Mon petit doigt me dit que tu vas en avoir rudement besoin. S'il se trouve que l'arme que tu as vendue à Vincent Dussart est bien celle qui a servi à l'assassinat de sa femme, de son fils, peut-être… tu sais ce que tu risques d'écoper pour complicité dans une affaire aussi moche ? Avec ton passé, tu vas prendre cher, très cher. Ah ben, en fait, il y a une cinquième raison, tu vois, j'avais mal compté. Tu veux que je te fasse un résumé ou…

— Oh, oh ! J'suis complice de rien du tout, moi ! Qu'est-ce que c'est, cette merde ! J'ai juste vendu un flingue que j'ai dégoté à une brocante ! J'lai vendu à un mec propre sur lui qui m'a dit qu'il faisait la collection.

Si on peut plus se fier aux types en costume, alors où on va ! Ce qu'il comptait en faire pour de vrai après, j'en sais foutre rien. Je vois pas pourquoi je porterais le chapeau, hein !

— Et c'était quoi comme arme ?

— Un pistolet 22 Long Rifle mono coup. C'est pas une arme de guerre, hein ! Il y en a à tous les coins de rue, dans n'importe quelle armurerie et même sur Le bon coin. Moi, j'vous dis, j'l'ai achetée à un vide-grenier. C'était juste histoire de me faire un peu de sous.

— Mouais, conclut Lazaret, tu m'as tout l'air d'un antiquaire, toi. C'est con, mais j'ai oublié de te demander : tu lui as fait remplir les papiers au moment de la vente, tu es en règle ?

Les mâchoires de Nowak se décrochent.

41

DIPJ

« On a du concret… Pour Dussart. »

Lorsque les mots de Delage ont franchi la barrière de sa compréhension, Orsalhièr s'est revu dévisser de la Pique d'Endron. Il a failli prendre ses cliques et ses claques et filer à l'anglaise. « Pas digne d'un Ariégeois », aurait ronchonné Jehan. Orsalhièr serait bien en peine de motiver ce qui l'a incité à rester. Sans doute l'idée loufoque que Dussart, même coupable du meurtre de sa femme, et par un obscur cheminement, détiendrait le fin mot du mystère Laborde. À croire qu'il a été contaminé par la propension d'Adèle à prendre la poudre d'escampette vers des réalités parallèles. À moins que la friction avec Sénéchal n'ait attisé en lui des instincts endormis. Peut-être tout cela à la fois. Quelle importance ?

Orsalhièr se masse la nuque en poussant un soupir de découragement qui lui monte des entrailles. L'entreprise est titanesque. D'une part, il y a les noms répertoriés par Delage sur des bouts de papier épars et selon un classement erratique dont il ne possède pas les clés. D'autre part, il y a la multitude de témoins, voisins, collègues, employeurs, amis et membres des familles des époux Laborde contenus dans ses fichiers personnels et qu'il ouvre l'un après l'autre, car il ne veut pas se fier à sa seule mémoire. Il vient de rayer le douzième patronyme et désespère de voir le bout du tunnel, lorsqu'un toussotement l'arrache à ses lamentations solitaires. Muller se tient dans l'embrasure de la porte. Orsalhièr passe une main dans le désordre de ses cheveux avec l'air d'un enfant pris en faute.

— Ah ! Excuse-moi, c'est ton bureau, hein ? Je vais me mettre ailleurs.

— Il n'y a pas d'urgence… Pff, j'ai retourné une maison et deux apparts pour des clopinettes ! Ni médicament, ni ordonnance. *Nada* du côté des médecins que Chloé et Vincent avaient l'habitude de consulter. Et toi ?

— Je ne m'en sors pas, avoue l'ancien flic. Trop de noms à rapprocher dans les deux affaires…

Muller empoigne la chaise de Sqalli et s'installe à côté d'Orsalhièr.

— Sénéchal m'a dit que si tu avais besoin, je pouvais te donner un coup de main.

— Sénéchal ? Bon… C'est pas de refus ! Au point où j'en suis, toute aide est la bienvenue.

— C'est parti ! Je vais commencer par rentrer tous les noms de l'affaire Dussart, y compris le bazar de Dédé, dans un tableau Excel. Pendant que je fais ça, tu vas extraire tes noms à toi.

La jeune enquêtrice ouvre le tiroir du haut et tend un bloc et un stylo à Orsalhièr.

— Tu écris chaque nom là-dessus avec un mot-clé pour savoir de quelle manière il se raccorde à ta victime. Voisin, mère ou amant, par exemple. C'est clair ?

— Comme de l'eau de roche.

— Quand on aura fini, tous les deux, ce sera un jeu d'enfant. Je noterai le premier nom de ta liste dans mon tableau et s'il y a un doublon, on le saura aussitôt.

— Là, tu m'épates ! s'exclame Orsalhièr qui se laisse gagner par une énergie nouvelle.

Muller rosit sous l'effet du compliment. Elle avait presque oublié qu'il existait des personnes à qui ça n'arrachait pas la gueule de dire merci. Du côté de Sénéchal, elle a pris le parti de ne plus attendre de miracle. Qu'elle sache, les glaçons ne dégagent pas de chaleur humaine.

— C'est parti ! Je vais t'ouvrir le PC de Franck pour que tu puisses accéder à tes dossiers. Le logiciel dont j'ai besoin, il est sur mon ordi.

Orsalhièr cède sa place de bon cœur. Si les questions qui le tenaillent possèdent une quelconque ramification avec l'enquête en cours, Muller vient de lui faire cadeau d'un temps précieux. Il va retourner chaque pierre, démêler les voies perdues et suivre la plus petite brisée. Il ne rebroussera pas chemin avant que la montagne ne se soit interposée entre lui et l'ours. Contre toute logique.

LUI

Ils ne nous comprendront jamais. Les mystères qui échappent à leur entendement, ils les occultent ou ils en confient la garde à des dieux moralisateurs et jaloux. À leur image. Au mieux, ils nous traiteront de fous, au pire de monstres. En d'autres temps, ils nous auraient brûlés. Les ignorants.

Ce soir-là, tu savais.

Ta respiration fredonnait la chanson du ru qui s'éteint à l'été. Tu étais reposée, la peur t'avait quittée. J'ai allumé les bougies et je me suis étendu à tes côtés. Sur une étoffe, j'ai récolté les essences absolues qui fleurissent à la naissance de tes cheveux et entre tes seins. Derniers zestes de toi. Je t'ai dit que tu étais belle, que les étoiles avaient été inventées pour être paillettes dans tes yeux. Que dans leur prison de cristal, les onguents d'Orient se languissaient de ta peau de pékin. Que ta salive était un vin de fête. Que des conquistadors avaient perdu la raison en buvant à ton pubis d'or. Je t'ai chanté Anvers, les orgues de nos retrouvailles, les poésies de nos transports, les tonnerres de nos chamades, les chœurs de nos jouir.

Je croyais être prêt.

Aussi fort et résolu que tu l'étais.

Pourtant, je l'avoue, j'ai eu peur.

Quand ton tambour s'est tu, l'univers est devenu bancal.

Vidé de ton écho.

Moi, troué de ton départ, j'ai hurlé.

Mais tu n'as pas eu mal.

42

Parking de la Direction de la police judiciaire

Delage s'efface, laissant le passage aux deux agents et au prisonnier qu'ils ont pour mission d'escorter jusqu'aux étages. Épaules basses, Nowak avance en traînant les pieds sous le regard dédaigneux de Lazaret.

— Alors, patron, résultat des courses ?

— Le « brocanteur » a bien vendu un pistolet à Dussart. Même calibre que l'arme du crime. De ton côté ?

— Un disque rayé ! Jamais vu ça… Sauf chez les abonnés de la GAV et les thésards du banditisme. Je le comprends pas, ce mec, s'il est innocent, s'entend…

— Tu l'as parfaitement résumé, Dédé, intervient Mathilde, « s'il est innocent ». J'ai bien peur que…

Mathilde n'ose pas terminer sa phrase. Le scénario cauchemar est en train de prendre forme. Un crime sans aveux. *Et sans corps. Comme pour les Laborde. Orsalhièr a poursuivi des mirages…*

— Mouais…, maugrée Delage en se dandinant. Ça voudrait dire que pour le gosse… Bon, c'est quoi la suite des opérations ?

Lazaret serre l'épaule de son lieutenant pour lui transmettre un peu d'énergie. Tout ce qu'il lui reste à donner, c'est du placebo. Le commandant jette un coup d'œil en coin à Mathilde, conscient que les paroles qu'il s'apprête à prononcer puent la foi de synthèse.

— Sqalli se charge de la procédure Nowak. Tu prends le relais de Mathilde pour faire le lien avec les équipes sur le terrain. On n'abandonne pas, Dédé. Il est encore possible qu'il ait confié son fils à une personne qui ait échappé à nos écrans radars. Mathilde et moi, on va prendre Dussart entre quatre yeux. Maintenant, on a de quoi faire monter la température du gril.

Au moment où les portes de l'ascenseur se referment, Delage se donne un grand coup sur le front.

— Ça m'était sorti de la tête ! La balistique a téléphoné. L'arme dans l'affaire Laborde n'est pas celle qui a servi à tuer Chloé. L'ancien flic, est-ce qu'on lui dit tout de suite ? Et qui lui dit ? Moi, j'aime autant refiler la patate chaude, il m'est plutôt sympathique, le gars.

Interrogatif, Lazaret se tourne vers Mathilde. Dans les prunelles de l'enquêtrice, le miroitement de l'indécision.

— Plus tard. Je m'en occuperai plus tard, Albert. On a d'autres chats à fouetter.

Lazaret acquiesce, l'œil critique. Mathilde, son vif-argent qui temporise et remet à plus tard, cela ne peut signifier qu'une chose. Elle est touchée.

43

DIPJ

C'est drôle comme un son appelle une image, laquelle en s'ouvrant transpire des parfums intacts, préservés dans la naphtaline de la nostalgie. Orsalhièr a le regard rivé sur l'aquarium du couloir. Le ballet des trois poissons, deux rouges et un noir, et les clic-clac-clop répétés des touches du clavier ont ramené Orsalhièr très loin en arrière, en bordure du ruisseau de Goulier, en compagnie de son grand-père. En l'initiant à la pêche à la truite, l'ancien lui a enseigné la grande leçon de la patience et de l'humilité. « Arrête de t'agiter, Pierrot, on croirait un diable dans une église ! Tu chantes si tu veux, mais ne patauge pas dans la flotte, elles perçoivent la moindre vibration, tu sais. » Il revoit ses mains noueuses parcourues de veines aussi épaisses que du lierre, la méticulosité avec laquelle elles écrasaient l'ardillon pour éviter de blesser les prises inférieures à la maille. « On prend et on rend. Regarde ce qui t'entoure, si c'est pas beau, tout ça ! C'est plus vieux que ta petite cervelle peut se figurer. Faudrait voir à le rendre dans l'état où on l'a trouvé. C'est bien le moins qu'on puisse faire pour remercier de toute cette majesté. » Il se souvient aussi du nombre de fois où il est rentré Gros-Jean comme devant alors que la musette du pépé était plus ventrue qu'un notaire de province. Une fois même, ému par la mine déconfite du garçonnet, l'aïeul lui avait proposé de glisser trois ou quatre truites dans son petit panier d'osier. « Je veux bien les prendre, pépé, ça te fera moins à porter. Mais je dirai bien que c'est toi qui les as pêchées. À quoi ça sert que les gens croient que je les ai attrapées, si moi, je sais que c'est pas vrai ? C'est comme mentir deux fois. » Le grand-père avait souri, frotté sa paume rêche contre la joue toute neuve et marmotté : « Brave petit. » En replongeant dans ses souvenirs, Orsalhièr prend conscience que même les fois où il pensait être rentré bredouille, il avait fait pleine provision de son grand-père, de son bon sens et de sa tendresse. Un butin immatériel qui, une génération plus tard, produit toujours ses précieux intérêts.

Et aujourd'hui, alors ? Page après page, ligne après ligne, comme celui d'un écolier, l'index de l'Ariégeois s'est déplacé. Une déception en a chassé une autre. Il est bientôt au bout du dernier chapitre. Rien n'a jailli des anfractuosités de l'enquête. Muller orthographie le dernier nom en se mordillant la lèvre et s'apprête à appuyer sur la touche « Entrer ». Orsalhièr retient son geste.

— Tu me le laisses.

44

DIPJ

Les traits de Dussart sont moulés dans la cire. Il s'exprime avec lenteur et articule chaque syllabe. Sur les dentales, sa langue claque. Son phrasé est celui d'un professeur qui dispenserait son savoir à des étudiants aux facultés limitées. Excepté un léger ennui, l'homme apparaît dissocié de ses émotions.

S'il en éprouve.

Pourtant, à y regarder de plus près, il est possible de déceler de légères craquelures dans ce masque de maîtrise. Ses yeux se sont enfoncés dans leurs orbites. Un film de sueur graisse son front, les veines de son cou ont gonflé. Par intermittence sa lèvre supérieure est agitée de trémulations. Cinq heures à endurer scepticisme, menaces, mépris et à subir la valse imposée des interrogations qui se répètent à l'identique. Cinq heures à ânonner des réponses inchangées. Cinq heures d'une série dont on sait qu'elle en comporte vingt-quatre et que le calvaire peut être doublé. Cinq heures que Vincent Dussart persiste. Après quelques pas d'une danse raide avec Lazaret, Mathilde ouvre la deuxième partie du bal. Au scalpel.

— Nous avons la preuve qu'il y a six jours, vous vous êtes rendu au bar *L'As de pique* où Sam Nowak vous a remis un pistolet 22 Long Rifle mono coup contre la somme de cinq cents euros. En dehors de l'aspect totalement illégal de cette transaction, permettez-moi de vous dire que ce n'est pas une affaire. Reconnaissez-vous les faits ?

— Je n'ai pas tué ma femme.

— Ce n'est pas la question que je vous ai posée, aussi, je vous la repose : reconnaissez-vous avoir acheté ce pistolet ?

Dussart ne desserre pas les dents. Après une poignée de secondes, Mathilde poursuit de la même voix calme et posée. Dans sa nuque, le souffle de Lazaret lui semble tout droit sorti de la bouche d'un volcan.

— Si vous n'avez rien à vous reprocher, pourquoi niez-vous l'évidence ? L'arme que vous avez achetée tire des balles de même calibre que celle qui a tué votre femme. Vous saisissez les conséquences ?

— Je n'ai pas tué ma femme.

Mathilde tente d'établir un contact visuel. En vain.

— Vous ne répondez pas à la question que je vous ai posée. Auriez-vous des problèmes de compréhension ? À première vue, vous ne paraissez pas plus bête qu'un autre.

Le visage du suspect s'est empourpré. Il passe la main dans le col de sa chemise, enlève un bouton.

— Bien, je vais vous expliquer ce qui vous attend. Vous allez être inculpé de meurtre et d'enlèvement avec préméditation. Quand je dis « vous allez », ce n'est ni une menace, ni une éventualité. Que vous décidiez ou non de coopérer, c'est ce qui va se produire. Il y a l'achat de cette arme, le viol de Marie Rousselet…

— Je n'ai pas violé Marie Rousselet. Il s'agit d'un jeu sexuel entre adultes consentants.

Mathilde sent la respiration de Lazaret qui se bloque, puis s'accélère dans un crépitement de particules calcinées.

— Le dossier du légiste est éloquent. Il y a donc le viol de Marie Rousselet, le fait que vous n'ayez aucun alibi, et il y a vos mensonges. Si vous êtes encore dans nos locaux plutôt que devant le juge d'instruction, c'est uniquement parce que nous nous préoccupons du sort de votre fils. Qu'en avez-vous fait ?

— Je n'ai pas tué ma femme. Je n'ai pas tué mon fils.

— Dans ce cas, dites-nous où est l'arme que vous avez achetée à Nowak. Une analyse balistique…

— Je n'ai pas tué ma femme. Je n'ai pas tué mon fils.

— Alors aidez-nous ! À moins que le sort de votre fils ne vous soit indifférent ! À moins que vous ne soyez pas le père de…

— Bien.

Le regard de Dussart harponne celui de l'enquêtrice. Avec le même éclat furtif que celui qu'elle a entrevu lors de l'interrogatoire à l'hôpital. Lazaret et elle sont en apnée.

— J'ai jeté cette arme dans une poubelle du Vieux-Lille le lendemain du jour où je l'ai achetée. Une arme à la maison, avec mon fils, j'ai réalisé que c'était stupide et dangereux.

Le plomb et le soufre crépitent dans les narines de Mathilde. Elle se redresse d'un bond et s'interpose entre Lazaret et Dussart. Les yeux de son chef de groupe, exorbités, crachent des langues de lave.

— Espèce de sale pourriture ! Dans une poubelle ! Putain, c'est là que tu vas atterrir quand tu seras en tôle !

45

DIPJ

Cela s'est joué sur le fil du rasoir. La présence de Mathilde a fait la différence. Sans elle, Dussart aurait dérouillé. Mathilde a tiré Lazaret hors de la salle d'interrogatoire et décrété un temps de battement.

Le commandant et son adjointe marchent le long de l'esplanade. Du même pas mécanique que les joggeurs qui les dépassent, ils ne vont nulle part. C'est juste histoire de mettre de la distance entre eux et Dussart, de diluer cette fureur contenue qui les durcit et menace de les rompre. Comme s'ils espéraient tromper la mort ou l'exorciser.

— Les corps, on aurait dit des habits oubliés sur le plancher. Trois tas de chiffons roulés en boule. C'était dur, mais c'était pas ça, le pire. Le bas des murs était maculé. Des traînées rouges. Le pétale d'un pouce, la moitié d'une main, une autre entière, parfaite. Une toute petite main. J'ai pensé à ces tableaux, tu sais, la peinture aux doigts… Avec du sang d'enfant, putain ! Je les ai vus se traîner avant de mourir, Mathilde. Je les ai entendus pleurer et appeler au secours. Je me demandais ce qu'il pouvait bien se passer dans la tête d'un gosse de 4 ans au moment où son père le poignarde. Quand celui qui doit te protéger te tue, moi, je crois qu'il n'existe aucune échappatoire. Le monde n'est plus que terreur. Les enfants, on aimerait se dire qu'ils n'ont rien vu venir. Même les animaux à l'abattoir, on les assomme… Le père, il a avalé son flingue et c'est ce qu'il avait de mieux à faire… Quand je pense que certains ont osé titrer « Drame familial »… Et là, ce connard…

Mathilde a entrelacé ses doigts à ceux d'Albert. Elle sait, elle comprend. Tout à l'heure, Dussart a failli régler les impayés de tous les fumiers de sa trempe. Le ton sur lequel il a déclaré s'être débarrassé de l'arme qui aurait pu le disculper l'a glacée. *Dans une poubelle, ben voyons...* Pour Mathilde et Lazaret, c'est une certitude, le pistolet n'est pas à l'endroit où Dussart les a mis au défi de chercher. Le suspect possède une seule raison sensée de taire l'endroit où il a caché le 22 Long Rifle acheté à Nowak. *Il s'en est servi pour assassiner sa femme... Son fils. Et maintenant, alors ?*

Lazaret lâche la main de Mathilde pour lui caresser la joue et répond à la question qu'elle n'a pas formulée à voix haute.

— Maintenant, on va repasser au crible tous les points de passage et de chute de ce salaud. Et je vais faire draguer les plans d'eau… Et toi…

La poitrine de l'enquêtrice se gonfle, ses paupières papillotent en signe d'assentiment. Elle porte une tristesse trop lourde pour être siphonnée par des mots ou des larmes. Lazaret la prend dans ses bras et lui relève le menton. Elle n'a qu'un sourire vagabond à lui offrir. Sans destination. Ses yeux, eux, ont pris les nuances de l'étain et un poli étrange.

— Je vais prévenir Orsalhièr. Ensuite on fera un point avec l'équipe. Dussart ne peut pas s'en sortir comme ça. Il faut retrouver cette arme. On DOIT retrouver le corps du petit, Albert.

Au moment où elle prononce cette phrase, Mathilde est devenue aveugle. Le temps d'un éblouissement, Lazaret, le trottoir, les bois au loin lui apparaissent lavés à l'acide chlorhydrique. Mouchetés de moisissures vertes. Couleur menthe.

46

Lille, DIPJ

Grésillements d'aiguilles de pin et gémissements de branches brisées. Une masse en mouvement déflorait un couloir dans la forêt. Orsalhièr avait ôté le cache de son appareil photo et posé l'index sur le déclencheur. Le jour chancelait en saignant un lavis violacé. Les muscles de ses jambes avaient pris la raideur des bois morts. La prudence la plus élémentaire aurait exigé qu'il demeure tapi dans son affût. Sous le vent. L'euphorie d'un dénouement tant attendu avait saoulé sa peur. Il avait avancé en direction des grommellements. Dans le raidillon, peu avant un gribouillis d'arbustes ramassés en mêlée, la brise avait tourné. Les bruits s'étaient tus. Le silence soudain avait transfiguré l'instant. La montagne semblait un géant assommé. Cheveux hirsutes, poussiéreux des étoiles arrachées dans son roulé-boulé depuis une galaxie lointaine. Orsalhièr s'était redressé, comme les premiers hommes au-dessus des grandes herbes. Un choc puissant l'avait terrassé. Peut-être suivi d'un souffle rauque.

Après, le noir total. Quand il avait rouvert les yeux, la nuit s'était parée d'un camée de lune. Son épaule était démise, son appareil photo démantelé sur les rochers. L'ours l'avait-il percuté ? Aujourd'hui encore, il lui est impossible de l'affirmer. Il a cru l'entendre. Il a cru deviner sa marche souveraine aux révérences des taillis. Il a cru sentir son haleine bestiale. Il a cru…

Ce que tu as cru, c'est ce que tu espérais. Tu n'as rien vu. Rien de rien.

Orsalhièr fait le planton devant l'immeuble de la DIPJ en attendant Sénéchal. Pour lui, c'est la fin de l'aventure. *Une statue et une amulette, tout ça pour ça ! Osiris doit bien se bidonner...*

Quelques mètres en amont, l'Ariégeois reconnaît la silhouette ronde de Delage qui court à sa rencontre.

— Ah ! souffle le lieutenant, hors d'haleine. Mathilde ou Lazaret sont dans les murs ?

— Sortis faire un break. Je les attendais, justement. Tu as du neuf, toi ?

L'accablement sur le visage d'Orsalhièr lève les réticences de Delage.

— J'ai réussi à identifier le type qui tournait autour de Chloé. Riche comme Crésus, le gars. S'il avait dans l'idée de changer de crémerie, sa femme aurait pu opter pour une solution radicale. Puis si ça se trouve, Quentin n'est même pas le fils de Dussart !

— La jalousie, le fric, c'est du déjà-vu, lance Orsalhièr, désenchanté. C'est qui ton nabab ?

— Un certain Eckert.

À ces mots, Orsalhièr se frictionne les cheveux. Son regard se fige.

47

DIPJ

— Eckert, vous dites ? Et il apparaît de quelle façon dans le dossier Laborde ?

Mathilde arpente le bureau en marmonnant et se plante devant l'Ariégeois. Delage renvoie un signe de connivence à Orsalhièr. Muller, elle, est au garde-à-vous.

— Édouard Eckert était le propriétaire de la villa où Martin Laborde faisait des travaux d'élagage le jour de l'assassinat de sa femme.

— J'imagine que vous avez fouillé…

— … Oui, la maison, enfin le château, et le parc. L'enquête ne s'est pas vraiment intéressée à lui parce qu'il avait quitté la région pour s'occuper de sa femme atteinte d'un cancer. Lucie Eckert. Elle est morte quatre mois avant le début de l'affaire.

— Et alors, Dédé, c'est quoi le rapport avec Chloé Dussart ?

— Frémaux m'avait parlé d'un couple de clients qui avaient Chloé à la bonne. Peut-être même qu'entre

Chloé et le mari, il y aurait eu quelque chose de plus. Je les ai identifiés à partir du listing de la compta.

— Un couple ? Il s'est remarié, alors ?

Delage se masse l'abdomen en lorgnant vers Orsalhièr.

— Oui, et c'est bizarroïde. Édouard Eckert est décédé il y a trois mois. Il ne reste que sa femme Svetlana, une Roumaine de 22 ans qui a pris la nationalité française en l'épousant.

— Et il y a ça.

Orsalhièr expose deux agrandissements. Pour lui, la messe est dite et c'est celle des morts. Depuis les rives de l'autre monde, les Eckert ont exigé plus que des galettes d'orge et du vin de palme. Il leur fallait de la chair fraîche. Les bébés ont été sacrifiés à des croyances d'un autre âge. *La logique des fous*...

— À gauche, c'est une statuette qui se trouvait chez les Laborde. Elle représente Osiris. À droite, c'est l'amulette que Chloé portait autour du cou et qui symbolise la colonne vertébrale d'Osiris. Je sais, c'est tiré par les cheveux…

— Vous m'expliquerez plus tard, tranche Mathilde. Le même nom qui refait surface dans deux affaires similaires, un schéma… ça suffit amplement. On n'a pas de temps à perdre en conjectures loufoques. Le plus simple, c'est d'aller sur place. Qu'est-ce qui pourrait être plus dingue qu'un père qui extermine sa famille ! Elle habite où, la veuve Eckert ? Tu as eu le temps de faire des recherches, Sylvie ?

— À côté de Jenlain, un patelin en bordure de la forêt de Mormal, c'est à trois quarts d'heure de route.

L'adresse correspond à un manoir isolé. Pas d'habitation à dix kilomètres à la ronde.

— Bien, rassemble des infos sur cette famille et sur l'endroit où on doit se rendre. Dédé, contacte la gendarmerie du coin et vois s'ils peuvent nous mettre une brigade à disposition. L'idéal serait qu'ils se postent autour de la propriété et qu'ils la surveillent discrètement en attendant notre arrivée. Dédé et Sylvie, vous m'accompagnez. On décolle dans un quart d'heure. Je vais informer Albert et voir si Dussart aurait entendu parler d'Édouard ou de Svetlana Eckert.

En se levant, Orsalhièr manque de se cogner à Mathilde qui fait demi-tour vers la sortie.

— Excusez-moi, je sais que ce n'est pas très « réglementaire », mais avec votre permission… je voudrais venir avec vous.

— Le contraire m'aurait étonnée, figurez-vous. Vous m'accompagnerez, ça vous laissera le temps de parfaire mes connaissances sur Osiris. Dédé, trouve-lui un gilet à sa taille et prépare ce dont on pourrait avoir besoin. Si j'ai bien compris, c'est en pleine forêt et il fait déjà nuit.

Orsalhièr la remercie d'un hochement de tête, surpris de ne pas avoir eu à batailler davantage.

Réjouis-toi, tu en es ! Et croise les doigts pour qu'elle n'ait pas prévu d'y aller à moto…

48

DIPJ

Lazaret tapote le capot et fait le tour de la voiture où Delage et Muller sont en position de départ. Quelques mètres derrière eux, Mathilde tend un casque à Orsalhièr en lui expliquant le fonctionnement du micro incorporé. À son air compassé, faussement détaché, le chef de groupe croit deviner que la perspective d'un trajet à deux-roues n'emballe guère l'Ariégeois.

— Mathilde ?

Elle le rejoint en trois foulées. Il l'entraîne un peu plus à l'écart.

— Tu as pris ton gilet ?

— Dans le coffre. Je le mettrai en arrivant. Ne t'inquiète pas.

— Je m'inquiète si je veux, jeune fille. Et puis c'est mon boulot de m'inquiéter. Alors tu m'écoutes bien, hein ! Si tu sens qu'il pourrait y avoir du grabuge, ton Pierre, tu le boucles dans la voiture et tu demandes aux gendarmes de faire du baby-sitting. Hors de question qu'un civil soit blessé s'il devait y avoir une intervention.

Mathilde pose sa main sur la poitrine de Lazaret. Elle peut sentir sa peur et sait ce qu'il redoute.

— Je comptais bien procéder comme ça, Albert. Et, au passage, ce n'est pas « mon Pierre ». Tu me tiens au courant de tes recherches sur l'arme de Dussart ?

— Tu seras informée dans la seconde. Allez, bouge et fais attention à toi.

Il lui étreint pudiquement l'avant-bras. Elle lui sourit, lui renvoie un clin d'œil et enfile son casque.

Aussitôt la moto disparue de son champ de vision, Lazaret devient la proie d'un mauvais pressentiment. Comme si une colonie de fourmis rouges grimpait le long de ses vertèbres pour prendre d'assaut la forteresse de son crâne. Déjà, il se ronge les sangs. Il sort son portable et rédige quelques mots que son adjointe pourra lire quand elle sera parvenue à destination. Il tente de se rassurer. Cette équipée n'est qu'un coup d'épée dans l'eau. Mathilde ne risque rien puisque l'assassin est retenu en salle d'interrogatoire. Lazaret se laisse aller contre le mur et allume une cigarette. Il doit se faire une raison, il ne pourra pas veiller éternellement sur elle.

49

Forêt de Mormal

Éclairée par une rampe de spots, la grille d'entrée du manoir des Grands Cerfs enroule ses volutes de fer forgé entre deux piles carrées de pierres grises. Sur celle de gauche, une caméra de vidéosurveillance darde son œil de cyclope. Alentour, l'obscurité a pris possession d'une futaie où chênes, hêtres et charmes se partagent un territoire sillonné de fossés et mité de poches d'eau. L'humidité de l'air enfume le paysage. Trente mètres en amont, sur le côté d'un chemin goudronné, Delage et Muller viennent d'être accueillis par un groupe de quatre gendarmes. Mathilde et Orsalhièr ôtent leur casque de concert. Se laisser chatouiller le creux de l'oreille par la voix rocailleuse de l'Ariégeois tout en sentant la pression de ses mains contre son ventre a troublé l'enquêtrice plus qu'elle ne voudra l'admettre. Un sentiment partagé et entièrement assumé par son passager qui commence à prendre goût à ce moyen de locomotion.

Mathilde se frotte les paupières. Les traces de la fatigue et de la tension accumulées depuis seize heures les ont fardées d'ombres bleues. Elle consulte son portable. Un message de Lazaret envoyé à 17 h 23. « Sois prudente, surveille tes arrières et fais confiance à tes intuitions. Je t'aime. Albert. » Ses doigts pianotent sur l'écran tactile. « Tout va bien se passer. Promis. Je t'aime aussi. »

— On y va. Tu mets ton gilet.

— OK.

Orsalhièr baisse la tête pour masquer son sourire. *La bonne nouvelle, c'est qu'elle est passée au « tu ». La mauvaise, c'est qu'elle a toujours cette sale manie de te donner des ordres et de te traiter comme si tu étais un louveteau à son premier camp.*

Sénéchal est déjà dix mètres devant lui. En maître de cérémonie, Delage organise les présentations.

— Capitaine Sénéchal, chef Duquesne et les brigadiers Vasseur, Tissot et Perrin.

Mathilde serre les mains tendues et interpelle le plus gradé :

— Alors qu'est-ce que ça donne, il y a eu du mouvement ?

— Non, rien. Difficile de savoir s'il y a quelqu'un. Le manoir est cinq cents mètres après l'entrée.

Mathilde désigne le mur d'enceinte qui s'élève à trois mètres.

— Il fait tout le tour ?

— Oui, il y a une autre sortie au nord, j'y ai posté deux gars.

— Les Eckert, vous les connaissez ?

— Non, jamais eu affaire à eux. Lui, c'était la star locale. L'unique et dernier héritier des entreprises Eckert. Très, très grosse fortune. Immobilier, assurances, distribution, et j'en passe. Un original. Paraît qu'il vivait entre ici et la Roumanie. Pas le genre à descendre boire un coup au troquet. D'après ce qu'il se dit, ils restaient cloîtrés dans leur propriété et ne recevaient personne. Il n'y a plus qu'elle, maintenant. Si elle est là.

— On va tout de suite en avoir le cœur net. D'autres habitants dans la maison ? Des employés, par exemple ?

— Pas que je sache.

— Bon. Dans tous les cas de figure, si cette Svetlana est impliquée, il y a des chances qu'elle soit armée.

— On est équipés et on sera vigilants.

Sénéchal, Delage et Muller enfilent leur protection et vérifient leurs armes. Orsalhièr est déjà prêt. Il se remplit les poumons du souffle de la forêt. *Le moment de vérité, Pierrot... Après ça, tu pourras retourner dans tes hauteurs, l'esprit en paix.*

L'enquêtrice appuie sur le bouton de l'interphone et lève la tête vers la caméra.

— Oui ?

Une voix jeune et sans accent.

— Police, veuillez ouvrir le portail.

Policiers et gendarmes rejoignent les véhicules. Son casque sous le bras, Orsalhièr enfourche la moto et enlace d'une main la taille de Mathilde. Le convoi emprunte une allée bordée d'arbres et de lampadaires. Elle conduit à une imposante bâtisse s'élevant sur deux étages et flanquée à l'est d'une tour octogonale. À l'ouest, le corps principal est prolongé par une serre de verre et de métal bordée d'un étang qui vapote des bourres de brumes.

Aussitôt qu'elle met pied à terre, Mathilde se pince l'arête du nez. Sa main gauche fouille sa poche. *Merde…*

— Tout va comme tu veux ? s'inquiète Orsalhièr.

— Oui, on accélère.

— Manoir, tu parles ! rouspète Delage en claquant la portière. Le château de Versailles, oui ! Faut deux jours de marche pour arriver au perron.

Une très jeune femme se tient devant l'entrée principale. Vêtue d'un tailleur sombre, elle croise les bras sur sa poitrine, sans doute pour se protéger du froid. Ses cheveux sont ras, presque blancs, et un large trait noir étire ses yeux jusqu'aux tempes. Sur une ossature juvénile, la peau de son visage est aussi tendue que la membrane d'un tambour.

— Svetlana Eckert ?

— Oui, en quoi puis-je vous aider ?

— Capitaine Sénéchal. Nous allons perquisitionner chez vous, madame.

— Perquisitionner ! Je ne comprends pas…

— Vous ne suivez pas les infos ?

— Qu'est-ce que je suis censée savoir ?

— Nous serons mieux à l'intérieur pour discuter.

Le vestibule est à la mesure de la demeure, pavé de marbre noir et coiffé d'un plafond en ogive où pend un lustre monumental ; il dessert huit portes et un escalier à hélice. Mathilde procède à l'estimation du temps qui sera nécessaire à une fouille complète des lieux.

— Chloé Dussart, ce nom vous dit-il quelque chose ?

— Oui, bien sûr. C'est une connaissance. Elle a des ennuis ?

— En effet. Elle a été assassinée et son fils a disparu.

Svetlana Eckert porte la main à sa bouche et baisse les paupières. Sénéchal et Orsalhièr se font la même réflexion. Impossible de décrypter ses émotions.

— Mon Dieu ! Mais… pourquoi voulez-vous fouiller ma maison ?

— Où étiez-vous dimanche soir ?

— Non ! Vous ne pouvez pas imaginer que j'aurais pu lui faire du mal, tout de même !

— Où étiez-vous dimanche soir, madame Eckert ?

— Ici, mais…

— … Seule ?

— Oui.

— Durant la soirée, avez-vous téléphoné à quelqu'un ou reçu un appel ?

— Je ne vois personne. Je ne parle à personne… depuis trois mois.

La voix de Svetlana Eckert est un chuchotement où coulent des sanglots souterrains.

— Madame, je vais devoir vérifier que vous ne portez pas d'arme sur vous. Veuillez écarter les jambes et les bras, s'il vous plaît.

— C'est un cauchemar, gémit-elle, choquée.

Tandis que la jeune veuve est confiée à la garde de deux gendarmes, Mathilde répartit les binômes et les zones de recherche. Ne reste qu'Orsalhièr.

— Tu viens avec moi, on va jeter un œil dans les étages et surtout, tu ne touches à rien.

— Entendu.

Jamais, elle lâche prise ! Encore un jour de ce traitement, et tu vas te mettre au garde-à-vous en gueulant : « Oui, chef ! » Si Jehan te voyait, il se foutrait bien de ta gueule. T'es devenu plus docile qu'un de ses moutons.

ELLE

Je crois que je tourbillonnais. J'étais une graine ailée soufflée dans l'immensité. Sur ma membrane, l'air planait en créant des vortex qui m'arrachaient à l'attraction terrestre. Je descendais lentement. Un bébé brise me poussait toujours plus loin. Mon tournoiement ne connaissait ni joie ni peine. Il était docile et apathique, semblable à celui de milliards d'autres. Du moins, je l'imagine.

J'ai tout oublié de ma vie de tocante cassée, désappris les routines assassines et perdu le décompte des secondes molles. De ces temps morts, je ne sais plus rien. Il pleuvait à Anvers quand nos corps se sont carambolés. Tes doigts horlogers m'ont remonté le cœur. Ton tic a réveillé mon tac. Je suis née ce soir d'automne. Tu m'as murmuré des paroles insensées que j'ai crues. Les rues se vidaient et nous courions. La ville portait un parfum de feuilles mouillées et de cassonade. Les sonnettes des vélos répétaient des mélodies taguées à la va-vite aux coins des rues. Je ressentais la brûlure de ta paume contre la mienne et le froid de ma main esseulée. J'avais faim et soif, envie de rire et de pleurer. Je me sentais vivante. Enfin.

Le portier nous a souri, la réceptionniste t'a remis les clés avec un air qui disait non. Dans l'ascenseur, nos peaux chantonnaient oui. Les rideaux de la chambre étaient rouges. Cramoisi le vin de nos lèvres mordues. À sang tiré nous nous sommes enivrés. Le froissement du papier, tu les as délivrés. Elle, si belle, peau de lune. Lui, si fort, port de lion. Entre eux, l'eau d'un désir et le pont d'un regard. Nous, couchés dans les pelures de nos mues. Nue, seule la dentelle de tes baisers. Nu, seul le tatouage de mes dents. Les vapeurs de nos chairs faisaient chalouper la flamme des bougies, nos cris se consumaient en élixirs. Nos os agrafés, déjà en train de se ressouder. Et dans mon ventre le big bang de nos clepsydres battant la mesure. L'espace plus vaste et plus profond. L'univers démultiplié.

Tu vois, mon amour, je me souviens de tout.

N'aie crainte, je suis forte.

Grâce à toi, je suis prête.

50

Manoir des Grands Cerfs

Sénéchal et Orsalhièr ont « visité » une pièce faisant office de salle de musculation, une pièce de musique, un espace sauna jacuzzi, une suite en désordre et ce qui doit être une chambre d'amis à en juger par l'épaisse couche de poussière recouvrant chaque meuble.

— C'est bizarre qu'elle n'ait même pas une pointe d'accent, tu ne crois pas ?

— C'est bizarre qu'une gamine de cet âge s'enterre au fin fond d'une forêt de l'Avesnois, alors que son vieux mari plein aux as a rendu l'âme.

— Peut-être qu'elle l'aimait.

— Peut-être qu'elle l'a tué.

Orsalhièr fronce les sourcils, désarçonné. Mathilde hausse les épaules et tourne la poignée de la dernière porte qu'ils n'ont pas encore ouverte. *L'amour, ce trompe-l'œil, tu m'en diras tant…*

— Fermée. Tu peux descendre demander la clé à l'elfe ?

Orsalhièr s'exécute en ronchonnant. À nouveau seule, l'enquêtrice sautille sur place pour tromper son impatience. Au travers de la fenêtre qui donne sur le parc, la vue du plan d'eau lui retrousse le nez et les sens. Son cerveau reconstitue l'haleine dont elle a humé quelques particules à l'aller et son cœur s'emballe. *Calme-toi, il suffira de bloquer ta respiration pendant une centaine de mètres.*

— C'était long, dis-moi.

— Elle est en pleurs. C'est la chambre où son mari est mort. Ça n'a pas été aussi simple.

— Tu es trop sentimental. Et si c'était l'endroit où se trouvait Quentin ?

— Je souhaite autant que toi qu'il soit ici et en vie. Peut-être même plus, mais…

Sénéchal le toise.

— Mais ?

— Rien.

C'est pas le moment.

— Tout va bien, alors.

La pièce avoisine les soixante mètres carrés. Les rideaux sont tirés. Des effluves de benjoin, de vanille et de lavande planent dans l'atmosphère. Quatre candélabres à demi consumés montent la garde de part et d'autre d'un lit à baldaquin. L'un des murs est entièrement recouvert d'une tapisserie ancienne. Au sol, Mathilde foule un tapis dont elle imagine qu'il est hors de prix. Comme le tableau accroché au-dessus d'une cheminée dans laquelle trois hommes pourraient tenir debout. Devant l'âtre, un prie-Dieu. Elle ouvre le tiroir du chevet de gauche. Du papier d'Arménie, un flacon d'huiles essentielles. *Voilà qui explique l'odeur.*

Dans le second tiroir, une chaîne en or qu'elle saisit entre le pouce et l'index.

— C'est la même que celle que portait Chloé.

Qu'est-ce que ça peut vouloir dire ? Qu'Édouard Eckert et Chloé avaient une liaison ? Et si tu avais vu juste quand tu as insinué que Dussart n'était pas le père de Quentin ? Laisse tomber, tu raisonnes dans le vide. Tu t'égares. Des preuves, des faits, c'est cela dont tu as besoin.

Orsalhièr passe la main dans ses cheveux.

— Je ne sais plus quoi penser de tout ça.

— Ce qui est sûr, c'est qu'il n'y a pas d'enfant ici.

L'enquêtrice réfléchit à la manière dont elle va organiser les recherches à l'extérieur et elle appréhende le moment où il lui faudra affronter les exhalaisons mentholées.

— Tu crois qu'on a fait fausse route et que ça pourrait être une coïncidence ?

— Je ne crois rien et surtout pas aux coïncidences. Il reste le grenier. Après, j'aviserai.

— Le parc ?

Le regard de Mathilde se perd dans le lointain. Ses épaules sont basses. Elle frissonne. Un soupir las s'échappe de sa poitrine. C'est la première fois que le montagnard décèle sa vulnérabilité.

Mathilde fait demi-tour et se dirige vers la tapisserie représentant une scène de galanterie moyenâgeuse. Elle la hume. *D'origine*... Elle passe la main sur les fibres élimées, la soulève légèrement. Derrière la toile, un miroir est encastré dans le mur. Mathilde en découvre un pan plus large, l'examine quelques instants et pose son index sur la surface. Aucun espace entre son doigt et l'image de son doigt.

— Le parc, l'étang et même la forêt, s'il le faut. Elle n'a pas d'alibi et cette baraque est…

Orsalhièr dévisage Mathilde, interrogatif. Elle donne un coup sur la glace.

— Un miroir sans tain. *Malsaine*...

51

DIPJ

Lazaret et Sqalli pénètrent dans la salle d'interrogatoire. L'agent chargé de la surveillance se lève et quitte la pièce sans un mot. Bras croisés, Sqalli prend appui contre la porte close avec une mine de cerbère. Lazaret, lui, commence à tourner autour du suspect en silence. À chacune de ses révolutions, il s'imprègne de son sujet d'observation et note les plus petites variations d'attitude. Le mouvement de ses pupilles, le placement de ses mains et de ses jambes, l'inclinaison de son buste. Le chef de groupe révise son alphabet.

— Si vous croyez m'impressionner, attaque Dussart en se laissant aller contre le dossier de sa chaise.

Impassible, Lazaret entame un nouveau cercle.

— On est en train de retourner toutes les poubelles et les décharges de la ville.

Les épaules du mari se décontractent, il pointe la table.

— Vous devriez être en train de chercher mon fils.

— Des agents équipés de détecteurs de métaux quadrillent le quartier de Chloé.

Dussart lève les yeux au ciel et étend ses jambes.

— Celui de Marie Rousselet aussi.

Cette fois, il chasse une poussière imaginaire du revers de sa veste et esquisse un sourire.

— Et son immeuble.

Le sourire s'éteint. C'est entre le pouce et l'index qu'il malaxe à présent la même poussière imaginaire.

— Nous nous intéressons au box dans le grenier qui est notifié dans son contrat de location. Un local dont elle n'a jamais eu la jouissance.

Ce salaud se pince le sourcil. Sous la table, il vient de se frotter les chevilles.

Lazaret saisit le dossier de la chaise qu'il serre à s'en faire mal. C'est la gorge de ce sale type qu'il rêverait de broyer sous ses doigts. Il se penche à son oreille et lui parle tout bas.

— Tu n'as plus besoin de mentir, espèce de crevure. Tu viens de me dire où tu as planqué l'arme.

52

Manoir des Grands Cerfs

Svetlana Eckert est assise sur la banquette de l'entrée entre les deux gendarmes qui évitent de la regarder. Des larmes ont fondu le dessin de ses yeux en un halo charbonneux. Son teint en paraît plus laiteux, phosphorescent. Elle tourne l'anneau doré de son annulaire gauche, encore et encore. Comme si, à le frotter de la sorte, elle avait le pouvoir de faire revenir celui qui l'y a glissé. Ses mains sont aussi délicates que celles d'une poupée de porcelaine. Le reste semble cassé.

Mathilde s'est entretenue à l'instant avec Lazaret. Le pistolet 22 Long Rifle retrouvé dans le grenier de Marie Rousselet vient d'être envoyé à la balistique pour analyse en urgence. Elle se sent déboussolée. Son raisonnement grippe. Sa logique achoppe. Comme Lazaret autour de Dussart, elle tourne en rond. À cette différence qu'elle ignore son épicentre. *Qu'est-ce que tu fous ! C'est pas le moment de chercher à comprendre ! Tu vas pas rester sans rien faire en attendant le verdict de la balistique, agis !*

— La serre, il faut visiter la serre.

Delage obtempère et entraîne Muller et quatre gendarmes avec lui. Mathilde reste immobile derrière le vitrage de la porte d'entrée, Orsalhièr à ses côtés.

— On ne les suit pas ?

— Oui. On va y aller.

Mathilde fait à nouveau le fond de ses poches. Elle doit se rendre à l'évidence, son « médicament » n'y est pas. Elle remonte le col de son pull, ouvre la porte et fait quelques mètres sur la gauche. Rien à faire. C'est là. L'angoisse donne le premier tour de vis. Elle appuie ses doigts contre son nez. Les traces olfactives du papier d'Arménie ne sont plus qu'un lointain souvenir. Elle est prise de spasmes. Ses jambes se dérobent sous elle. Les bras d'Orsalhièr la sauvent de la chute.

— Ho, ho ! Tu m'entends ? Réponds, merde !

La tête de Mathilde repose dans le cou de l'Ariégeois. Si son corps entier ne s'affaisse pas, c'est qu'il l'a plaquée contre lui et supporte tout son poids. *Elle pèse pas bien lourd, la gazelle... Mais qu'est-ce que...*

Avec ce qu'il lui reste de forces, Mathilde tire sur le pan d'étoffe qui dépasse du blouson d'Orsalhièr. Ça gratte et ça pique. Cuir, feu de cheminée, laine brute, animal, elle renifle par petites touches avec une circonspection de bête sauvage.

— Donne-la-moi.

Le montagnard libère une main et enroule l'écharpe autour du cou de Mathilde. Elle y enfouit la moitié de son visage.

— Il faut que je m'éloigne de l'étang.

— Tu veux retourner à l'intérieur ?

— Je ne veux pas qu'on me voie dans cet état. On marche un peu. De l'autre côté.

Orsalhièr la soutient sur une quinzaine de mètres en direction de la tour. Dans la tête, le ventre et la poitrine de Mathilde, le brasier se fait progressivement moins cuisant. Supportable. *Allez, Mathilde, il faut que tu gères. Tu vas passer pour qui ?*

— Je vais m'appuyer contre le mur. Tu peux me lâcher.

— Ça t'arrive souvent ?

— C'est l'odeur de la menthe. Je suis phobique.

— Depuis toujours ?

— Quelle importance ?

On dirait qu'elle reprend du poil de la bête.

— Aucune.

— S'il te plaît, aide-moi à enlever ce gilet. Il pèse une tonne.

Les gestes d'Orsalhièr sont ceux d'une mère. En le retirant, il remarque un petit sachet collé à la doublure et le touche, intrigué. *Un trèfle à quatre feuilles... Superstitieuse ? J'aurais jamais pensé...* Mathilde prend un petit air gêné.

— Adèle. Elle a tellement insisté...

Sacrée Adèle ! C'est sûr, elle sait y faire...

— Dis-moi, tu respires mieux ? Tu veux que j'aille te chercher un verre d'eau ? Je dois avoir un morceau de chocolat...

— Non. Je sais que ce n'est pas très réglementaire, mais dans la chambre du mort, tiroir du chevet, il y a un petit flacon. Si tu veux bien me l'apporter.

— L'écharpe, c'était pour neutraliser l'odeur ?

— Oui. Ça ne te dérange pas de me la laisser encore un petit moment ?

Je t'aurais même tenue dans mes bras encore un petit moment...

— Pas de problème, mais elle doit sentir un peu le bouc.

— Exactement ce dont j'ai besoin.

Orsalhièr rigole. Un cadeau de Jehan. Tissée avec la laine de ses bêtes.

— OK. Tu es sûre que je peux te laisser seule ?

— Oui. Merci, au fait.

— Pas de quoi, Mathilde.

Sénéchal s'accroupit. Elle compte les secondes qui la séparent du retour de ce grand mec qui marche à contre-rythme et en dehors des clous. *Agaçant... Et attachant. Exactement comme Adèle...* Son regard se lève vers le premier étage du manoir. *Il a allumé les lumières, dans deux minutes, il est là.* Trois rectangles rougeoyants animent la façade. *Il y a un truc qui cloche...*

Elle sort son portable.

— C'est moi. Non, tout va bien. N'éteins pas les lumières et redescends tout de suite, j'ai quelque chose à te montrer.

53

Manoir des Grands Cerfs

À chaque coup donné sur le mur de la chambre du premier étage, Svetlana Eckert sursaute et s'agite. Mathilde lui appuie l'index sur le sternum.

— Vous nous dites comment on passe de l'autre côté, ou je fais abattre cette cloison à la masse.

La jeune veuve est hermétique aux menaces grondées par Sénéchal. Son regard est aimanté par deux panneaux de bois peints au-dessus de la cheminée. Sur l'un, le portrait d'un homme en col de vison, sur l'autre, celui d'une femme à la coiffe blanche.

— Ho ! Vous comprenez ce que je dis ? Regardez-moi quand je vous parle !

Mathilde la secoue sans obtenir la plus petite réaction.

— Elle a pris quelque chose ou quoi ?

La question s'adresse aux deux gendarmes qui avaient pour mission de la surveiller.

— Juste de l'eau du robinet, répond le plus âgé. Quand elle est allée aux toilettes…

— Madame Eckert ! On se décide, et vite ! Vous n'avez rien à gagner à vous taire ! Sauf à reculer l'échéance. Dans moins d'une heure, il y aura assez d'hommes ici pour démonter cette baraque pierre par pierre.

— Ça sonne pas creux, pourtant, remarque Delage. Et puis même, c'est peut-être juste une plaque d'isolation.

— Écoute, Dédé, tu n'as pas été entrepreneur en travaux publics que je sache ! Je suis fille d'architecte et je te garantis que même avec dix couches d'isolation, ce mur ne peut pas faire trois mètres d'épaisseur. Descends plutôt voir si tu peux trouver des outils. Sylvie, va l'aider, au lieu de rester les bras ballants. Et sortez-moi cette conne ou tournez-la dans l'autre sens. Quand elle sera décidée à parler, elle sera peut-être utile à autre chose qu'à écarquiller les yeux dans le vide !

Orsalhièr pose sa main sur l'épaule de Sénéchal et lui parle à voix basse. Sous ses doigts, il peut sentir la charge électrique qui court sous la peau de la jeune femme.

— Je sais que tu es crevée, sur les nerfs… Mais essaye de te calmer. La logique, c'est ton truc, non ? Réfléchis.

Mathilde lui lance un regard courroucé. *N'empêche, il a raison… Tu es en train de perdre les pédales.* Elle fait un pas en arrière. *C'est ça… Prends du recul.* L'enquêtrice pivote lentement sur elle-même jusqu'à se retrouver face à la cheminée. Ses yeux ont l'éclat de lames neuves. *Pas de mécanisme apparent…* Elle cogne sur les trois parois verticales, passe son doigt sur chacun des angles de jonction, penche son visage. Les ailes de son nez se gonflent. D'un bond, Mathilde se dirige vers le centre de la pièce en faisant abstraction du mannequin, assis, hébété sur le rebord du lit. *Fais confiance à tes intuitions... Des fois, je te jure, Albert, tu en as de bonnes !* La jeune femme pense à son architecte de père, à ses « maisons fantaisies » restées à l'état de croquis. Elle en possède tout un carnet qu'il lui arrive de feuilleter. *Et si... De toute façon, ça ne coûte rien d'essayer. Puis si tu t'es gourée, tu t'es gourée !* Au moment où Mathilde empoigne le prie-Dieu, l'air se charge de parfum froissé. Puis se déchire du hurlement de Svetlana Eckert qui se catapulte dans son dos.

54

DIPJ

Étreint d'un pressentiment, Lazaret s'agrippe in extremis à la rambarde du balcon. Le portable sur lequel il était en train de rédiger un message échappe à sa main inerte et heurte le sol. Sa cigarette balafre la nuit. Le souffle sifflant, le chef de groupe suit sa course étincelante. Ses rétines le brûlent. Cassé en deux, la poitrine tisonnée, Albert voit les lumières dans les yeux de Mathilde. Il sent ses odeurs, toutes ses odeurs. Elle se passe la main dans les cheveux, lui tend une tasse de café. Il pourrait presque la prendre. Si seulement sa main… Les images explosent. Le tee-shirt glisse sur son épaule. Ils s'embrassent. Elle lui sourit. Pourquoi ce froid ? Il pleure. Elle tient son visage entre ses paumes. Sa tête est si lourde. Mathilde lui murmure des mots, mais il y a ce vrombissement qui ne veut pas se taire. Elle s'éloigne. Il veut la retenir. Il le voudrait tellement. C'est impossible et il le sait. La terrasse est en train de se décrocher, de tomber. Lui avec. Les doigts de

Mathilde s'agitent en au revoir. Dansent dans le vide. Elle n'est plus là.

La sensation qu'on lui pile de la glace sur le cœur.

C'est fini.

Lazaret s'entend râler. L'air qu'il avale a un goût de cendre. Il est allongé sur le béton, sa tête à quelques centimètres du pot de mégots renversé. Aux pics de souffrance qui s'espacent, à ses doigts qui recouvrent leur mobilité, il sait que son corps ne le lâchera pas ce soir. Pourtant, l'idée de se laisser basculer dans le noir le fait tanguer. Il n'est pas né au bon moment. Il l'a rencontrée trop tard.

Il a raté le rendez-vous avec son seul amour.

Sur l'écran brisé de son téléphone, s'affiche le message qu'il n'a pas eu le temps d'envoyer à Mathilde. « Analyse balistique négative pour l'arme de Dussart. Fais attention à toi. »

La dernière des saloperies, ce serait de lui survivre.

ELLE

Je n'étais pas la seule à lui tourner autour. De ma cachette, il m'était possible d'apercevoir son mari, de ressentir les vibrations de sa colère. Un moment, j'ai craint qu'il ne me devance. Et puis il est parti noyer ses récriminations ailleurs. Quelle ironie...

La brise a forci, dispersant les nuages. Le premier croissant de la lune neuve a planté sa griffe d'ivoire. Les signes ne mentaient pas.

Quand je suis sortie de l'ombre, la rue était déserte.

Elle avait ce sourire gêné et faussement enjoué en m'ouvrant la porte. Sans doute essayait-elle de se faire pardonner une faute qu'il lui était impossible de m'avouer. Comment aurait-elle pu deviner ?

C'est vrai qu'elle était jolie. Nous l'avions bien choisie.

Elle avait cru, naïve, faire partie du voyage. Parce que tu l'avais distinguée, elle avait nourri des espoirs, peut-être même des velléités de propriétaire. L'argent les mène par le bout du nez...

J'ai éprouvé de la compassion pour elle, tu sais.

Ce qu'il fallait pour être aimable. Pas assez pour affaiblir ma main, la dévier de mon but.

Je lui ai dit que j'avais un cadeau à lui offrir.

Elle m'a invitée à entrer.

Ses yeux brillaient de surprise et d'impatience.

55

Manoir des Grands Cerfs

Mathilde recule sous l'impact de la douleur, respire l'odeur de son propre sang, grimace. Elle lève le bras pour parer le second coup et abat son pied sur le poignet de Svetlana Eckert. Le couteau rebondit sur le dallage. Delage et Orsalhièr tirent la jeune veuve en arrière, tentent de la maîtriser. Non sans mal. La rage l'a transformée en furie écumante. Mathilde se palpe le cou et serre les mâchoires. Abasourdie, elle contemple ses doigts rougis. *À quelques centimètres près, cette harpie te tranchait la jugulaire ! Si tu ne l'avais pas sentie...*

— Rien de méchant, adresse-t-elle aux regards inquiets braqués sur elle.

Clouée au sol, Svetlana s'époumone de plus belle.

— Passez-lui les menottes et faites-la taire !

Pâle, Mathilde apostrophe les gendarmes.

— Aux toilettes, hein... Et vous l'avez fouillée, quand elle en est sortie ?

Les deux hommes font profil bas. L'enquêtrice se contient d'exploser. Orsalhièr a pris sa main, la serre, endigue les saccades de sa colère.

— Fais voir.

Sans broncher, Mathilde incline la tête.

— Rien, tu parles… Il te faut des points !

— D'accord, mais après… Plus tard. S'il te plaît, il faut décrocher ce tableau.

Orsalhièr lui tend un mouchoir.

— Pour compresser la plaie… En attendant.

Mathilde lui caresse la paume en guise de merci. L'Ariégeois se sert du prie-Dieu comme d'un escabeau. Il dépose le diptyque. Derrière l'espace libéré, et sous le système de fixation, apparaît un bouton de commande qu'il actionne. Le fond de l'âtre se soulève dans un ronronnement électrique. Mathilde allume sa lampe torche et s'engage dans le passage, suivie de près par Orsalhièr.

— Cette fois, on y est, annonce-t-elle en appuyant sur l'interrupteur qu'elle vient de repérer.

Orsalhièr qui ne croit en rien sauf à l'infinie vanité des hommes se surprend à réciter des prières. À cet instant, ce n'est pas ce qu'il est advenu de « son bébé » qui le taraude, mais le sort que Svetlana Eckert a réservé à Quentin. Ils débouchent sur l'entrée d'une galerie de deux mètres cinquante de large, qui s'étend sur les vingt-cinq mètres de la façade latérale du manoir. Punaisées au mur, des photos qu'ils ne prennent pas la peine de détailler rythment leur progression. Ils courent. Dans leur dos, résonnent les pas de Delage et de Muller qui tentent de les rattraper. Une seule chose concentre leur attention : le petit lit au bout du couloir. Ils y sont. Mathilde pose deux doigts sur la carotide. Le sang pulse. La chair est tiède. Elle refoule son émotion.

— C'est vraiment tout minus, s'étonne Orsalhièr.

— Oui, ben, commente Delage avec des trémolos dans la voix, crois-moi, c'est juste mignon quand ça dort. Et les emmerdements, ils grandissent en même temps.

Il se retourne et se met à toussoter en se frottant les yeux. Muller étouffe un fou rire nerveux et jette ses bras autour des épaules de Delage en le secouant.

— Vivant, Dédé ! Vivant !

— Eh ! Doucement ! Tu vas le réveiller.

Mathilde renverse la tête en arrière en exhalant un long soupir. *Le pire n'est jamais certain... C'est ce que tu n'arrêtes pas de répéter, hein, Viviane ? Cette fois, tu avais raison. Celui-là, au moins, ne connaîtra pas ton scalpel.* Orsalhièr lui étreint l'avant-bras. Mathilde lui sourit. Le photographe aurait aimé immortaliser l'instant. Aussi magique que l'éclosion de fleurs en plein désert.

56

Manoir des Grands Cerfs

L'enfant a été envoyé au CHR pour y subir des examens approfondis. L'urgentiste dépêché sur place s'est montré rassurant dans son diagnostic, mais sait-on jamais ? Les reproductions à taille réelle d'Édouard Eckert positionnées de part et d'autre du berceau, présentent, elles, un caractère plus angoissant. Sur le papier glacé, des baisers fantômes ont laissé des empreintes brunâtres. Celles d'une bouche trempée dans du sang. Et il y a cette phrase tracée au doigt et à la cendre qui ne dit rien qui vaille à Orsalhièr : « Je suis la lumière qui te ramènera. »

Qui ramènera qui, putain ! Et d'où ? Dans quels foutus délires on barbote ! L'Ariégeois ne comprend rien aux forces occultes qui sont ici à l'œuvre, mais il est convaincu qu'elles ont scellé le destin de « son bébé ». Il s'écarte pour permettre au technicien de procéder aux prélèvements et cherche Mathilde du regard. L'enquêtrice est à nouveau dans son élément. À l'extrémité opposée de la galerie, elle distribue des injonctions.

Sous ses ordres, les policiers venus en renfort soulèvent les tapis et retournent les tiroirs. À la faveur des jeux d'éclairage, une statue de plus de deux mètres projette sur elle des ombres monumentales. Mathilde tient dans ses mains ce qui ressemble à une jarre et la tend avec précaution à un agent. *Osiris... Saloperie de Dieu... À tous les coups, ses pieds baignent dans le sang... Allez, tu es bientôt au bout.*

Il continue d'avancer, le nez en l'air. Les murs sont tapissés de photos jusqu'au plafond. Yeux redessinés à l'égyptienne, bouche mûre écrasée, fesses exsangues sous un flash de lumière, sein dans son cocon de soie noire, ventre blanc dévalé de perles, l'anatomie morcelée, magnifiée et agrandie de Svetlana donne le ton de la série suivante. Vertigineuse. Il a l'impression de mater l'intimité d'une géante et ça lui rappelle une poésie où il est question d'enfants monstrueux. *Encore ces messages, mais qu'est-ce que ça veut dire !* L'écriture est différente, plus anguleuse et moins liée. Il suppose qu'Édouard Eckert est l'auteur de ces lignes : « Depuis l'ombre, j'ai guidé ta lumière. » Orsalhièr se frotte la barbe, de plus en plus dubitatif, et se remet en mouvement.

Changement de décor et d'ambiance. Svetlana et Édouard Eckert, le jour de leurs noces, figés dans des poses identiques à celles des modèles du tableau dissimulant l'ouverture de la « chambre secrète ». Édouard et Svetlana à en donner le tournis, en différents lieux et paysages dont le seul point commun est qu'ils sont hors d'âge. Une église gothique aux murs noircis. Un château sous la neige. Un vallon cerné de résineux. Orsalhièr se souvient des paroles du gendarme.

Les Eckert partageaient leur temps entre la France et la Roumanie. Il suppose que cette série de clichés a été prise là-bas, ce qui lui donne des sueurs froides. *Le sang, la Roumanie... Alors quoi ? Des vampires qui courent après l'éternelle jeunesse ?* Il s'approche d'une photo de Svetlana montant un cheval doré. La magnificence de la robe de l'akhal-téké retient moins son attention que sa cavalière dont les lèvres s'arrondissent en baiser. Les yeux de Svetlana sont fardés à outrance et l'on pourrait croire qu'elle porte un loup. Malgré ce maquillage ou peut-être à cause de lui, elle semble plus fluette. Plus jeune aussi. *Quoi qu'en pense Mathilde, ils s'aimaient. Et ce n'est pas bon signe...*

Orsalhièr fait quelques pas, s'arrête, regarde en arrière, puis à nouveau devant lui. Il est retourné au pays de la « géante ». La hampe d'une hanche, l'éminence d'un sein, la commissure d'une lèvre, un pubis et cet œil d'un mètre de diamètre au saisissant vert sourd. Il pose son doigt sur le grain de beauté près du sourcil. Orsalhièr vient de comprendre qu'il a remonté le temps. Ce n'est pas Svetlana mais Lucie Eckert qui le fixe. « Tu guetteras les signes qui ouvrent les passages de lumière. » L'écriture est tremblée, et Orsalhièr perdu. Un mètre plus loin, Édouard et Lucie occupent le devant de la scène. Carnets de voyages amoureux aux quatre coins du globe. Au pied d'une pyramide. Devant les ruines d'un monastère. Dans l'allée d'une roseraie. Ce jardin, il le connaît. C'est celui de l'ancienne propriété Eckert près de Toulouse. Celle qu'il a arpentée avec un maître-chien. *Et toujours aucune réponse à tes questions.*

Orsalhièr est planté à moins de cinq mètres de Mathilde. Elle lui lance un bref coup d'œil, puis retourne à la fouille d'un petit bureau d'ébène. *Si tu lui demandes, elle te dira non, à coup sûr. Elle va t'en vouloir, mais je vois plus qu'un seul moyen.* Il prend la sortie.

57

Manoir des Grands Cerfs

Mathilde fait signe à Delage et pointe Orsalhièr en train de quitter la galerie.

— Suis-le, Dédé. Je crois savoir ce qu'il a en tête et je ne voudrais pas qu'il nous bousille la procédure.

Delage se frotte le front.

— Il veut l'interroger, hein ? Et tu veux que je l'empêche ou…

— Non, mais assure-toi que ça se passe bien.

Delage parti, Mathilde se dit que le contrecoup du stress est en train de la ramollir. La ténacité d'Orsalhièr l'honore, mais elle n'est pas certaine que le suicide de Martin Laborde en soit l'unique cause. Avant de lui octroyer un sauf-conduit, Mathilde a mené une enquête plus approfondie à son sujet. Bon feeling, mauvais exécutant, elle était parvenue aux mêmes conclusions. Mais elle ne s'attendait pas à voir apparaître son nom dans une affaire d'homicide. Mathilde sait qu'Orsalhièr a perdu sa jeune sœur dans des circonstances particulièrement violentes. Pour elle, l'autre raison de son opiniâtreté tient au fait qu'il a été du côté des victimes, de ceux qui attendent désespérément des réponses. Comme la mère de Martin Laborde, dernière survivante de ce désastre.

L'urne funéraire déposée au pied de la statue d'Osiris en délivrera peut-être l'épilogue. Mathilde espère que les cendres du bébé Laborde y sont mêlées à celles de Lucie et Édouard Eckert. Ce serait un moindre mal, car les probabilités de localiser les minuscules ossements dans un si vaste domaine sont proches de zéro. Dans ce cas de figure et aussi infime soit-elle, s'il y a une chance que Svetlana puisse les guider, il faut la tenter.

Ce soir, Orsalhièr veut aller au bout et Mathilde n'a pas le cœur de lui faire obstacle. *Tu n'aurais pas agi différemment. Et puis tu n'as ni la force ni l'envie de te battre... Pas contre lui.*

L'entaille à son cou la lance, ses muscles brûlent, la fatigue prend sa revanche. Mathilde se laisse tomber sur le fauteuil du secrétaire et ouvre l'un des carnets qu'elle y a dénichés. Encre, vanilline, amande amère, l'odeur des vieux livres habituellement l'apaise.

Pas cette fois.

58

Manoir des Grands Cerfs

Assise sur le lit entre deux gendarmes, Svetlana Eckert s'est absentée de son corps. C'est du moins ce qu'en conclut Orsalhièr. Elle ne réagit pas à son nom. Pas plus à la main qu'il passe devant son visage pétrifié.

Lorsqu'il voit apparaître Delage, Orsalhièr redoute qu'il ne soit envoyé par Mathilde pour lui interdire de la questionner. Le lieutenant se contente d'opiner du chef et se poste à portée de voix. Orsalhièr s'en veut d'avoir manqué de franchise. *« Moins coupante qu'elle n'en a l'air », c'est vrai. Faudra penser à remercier...*

Il s'accroupit pour se mettre à la hauteur de Svetlana et commence à lui parler des Laborde, de leur histoire telle qu'elle n'a jamais été racontée. De la manière dont Martin et Karine se sont rencontrés, de leur vie de famille, de leurs difficultés et de leurs espoirs, de la naissance de Marine, du baptême pour lequel la salle des fêtes avait été réservée. De la joie de sa grand-mère dont elle est l'unique petite-fille. Puis il se tait et pose sa main sur celles si froides de Svetlana.

— Il y a une chose dont je suis sûr, madame Eckert, c'est que votre mari vous aimait. Et vous aussi. L'amour, vous savez ce que c'est. La perte aussi. Si Édouard vous a confié des informations sur Marine, c'est le moment d'en parler. Je vous le demande pour une grand-mère qui pleure sa petite-fille depuis dix-huit ans et qui souhaite qu'elle soit enterrée auprès de son père.

Orsalhièr sent les doigts de Svetlana Eckert frémir sous les siens. Une voix métallique franchit ses lèvres blanches et sèches.

— Marine Laborde n'est pas morte, elle n'a jamais existé.

— Qu'est-ce que vous avez dit ?

La jeune femme regarde le tableau posé à même le sol et ses yeux étincellent d'un éclat neuf, fusion de désespoir et d'animosité.

— La vérité, si vous êtes capable de l'entendre.

— Je ne demande que ça.

Svetlana l'observe en silence. Orsalhièr a toute son attention. Il attend. Après de longues minutes, elle retire ses mains entravées de sous les siennes et commence à dégager le chemisier de son pantalon. Elle doit s'y reprendre à plusieurs fois avant d'y parvenir. Delage a fait un pas en avant. Le montagnard ne respire plus.

La jeune femme soulève lentement l'étoffe sur son flanc gauche, jusqu'à découvrir une tache lie-de-vin de forme triangulaire. Sidéré, Orsalhièr se retrouve aspiré dans le passé. « Y a-t-il un signe particulier qui pourrait nous permettre… » Il n'avait pas su terminer sa phrase et avait écrasé sa cigarette en baissant les yeux. À l'époque, il n'était pas loin des deux paquets par jour. Martin Laborde avait allumé la sienne en silence. Dès la première bouffée, il s'était mis à sangloter en poussant de petits cris aigus qui faisaient mal à entendre, comme s'il expectorait des lames de rasoir. « Une tache rouge… Qui a la forme de l'île de Pâques… S'il vous plaît, retrouvez-la vivante… Je vous en supplie. »

Le rire de Svetlana produit le son de la craie rayant le tableau.

— Vous pensez me reconnaître, n'est-ce pas ?

— Je… Je ne comprends pas…

— Édouard m'avait prévenue. Votre esprit vous donne à voir une imposture acceptable. La vérité est au-delà de ce que vous êtes prêt à admettre. Je ne suis pas Marine Laborde, je vous l'ai dit, elle n'a jamais existé. Je me suis appelée Lucie Eckert. Aujourd'hui, c'est Svetlana. J'ai eu bien d'autres noms et j'en aurai d'autres encore. Mais vous n'avez aucune idée de qui je suis. Aucune non plus de qui il était. On s'était retrouvés et c'était un pur miracle. J'avais réussi à le ramener chez nous. Presque.

Un sifflement s'échappe de la poitrine de Svetlana. Son visage n'est plus que haine.

— Savez-vous seulement tout le mal que vous venez de nous faire ?

59

Manoir des Grands Cerfs

En faisant demi-tour, Orsalhièr pose les mains sur ses oreilles. Derrière lui, les feulements de Svetlana, ou quel que soit son nom, sont entrecoupés des injonctions de Delage qui tente de ramener la jeune femme à la raison. L'Ariégeois s'interroge sur ses chances de succès. Peut-on se sevrer de cette folie quand elle vous est devenue aussi naturelle et vitale que l'air ? S'il peut se consoler d'avoir obtenu des réponses, il ne parvient pas à s'en réjouir. La fillette qui le hante depuis toutes ces années est bien vivante. Mais sans existence propre. Édouard Eckert l'a séquestrée dans la peau et la mémoire d'une autre pour ressusciter l'objet de sa passion. « Marine Laborde n'est pas morte, Marine Laborde n'a jamais existé. » C'est une drôle de dépouille qu'il ramène. *Un cocon vide... Mais qu'est-ce que je vais bien pouvoir dire à sa grand-mère, moi ?*

Depuis sa table de lecture, Mathilde lui adresse un sourire crispé en le voyant réapparaître. Son carnet sous le bras, elle se lève et va à sa rencontre, puis lui serre brièvement l'épaule dans une maladroite tentative de soutien.

— Ça va te paraître dur à avaler, mais…

— Je sais. Elle m'a dit.

Orsalhièr se tourne vers la statue de bronze et reprend d'une voix fêlée :

— Osiris, c'était pour ça, alors… Le dieu qui a vaincu la mort.

— Ils croyaient être sous sa protection. Les amants de Lucie, les maîtresses d'Édouard n'étaient que des… intermédiaires. Des « vaisseaux » pour transcender la mort et permettre leur passage vers une nouvelle vie.

— Tu veux dire que…

— Oui. Martin Laborde a été l'un des amants de Lucie Eckert. Après l'enterrement de sa femme, Édouard les a contactés un par un et Martin a eu le malheur de lui annoncer qu'il venait d'être père d'une petite fille. C'était le signe qu'Édouard espérait… Lucie avait trouvé l'un des « chemins » qu'ils avaient balisés. Il a tué la mère parce que c'était la manière la plus directe d'enlever le bébé… De reprendre Lucie. Tous les souvenirs de Svetlana sont ceux d'une femme disparue. Avec la mort d'Édouard, tout a recommencé. Un cycle sans fin… Tiens, lis.

La mine sombre, Orsalhièr parcourt les mémoires d'un amour qui n'a pas voulu s'éteindre avec la mort. Son propre passé lui saute à la gorge, la culpabilité l'étrangle. Il s'appuie contre le mur et passe sa main sur son front plissé. Il ne sait plus s'il a eu connaissance du listing des appels téléphoniques au domicile des Laborde. Il est pourtant certain que ce document a existé et se trouve encore dans le dossier d'enquête.

Le numéro d'Édouard Eckert y est noté. *Parmi tant d'autres... Si on avait eu plus de temps, si on avait pris plus de temps, si on avait été moins sûrs de nous ! Martin aurait pu nous aiguiller, nous mettre sur la piste... Tout ce gâchis !*

Mathilde lui soulève le menton. Son geste est ferme, sa main douce. Elle a ce regard péremptoire qui n'impressionne plus l'Ariégeois, mais qui l'amuse ou l'émeut. *Tu sais plus où t'en es...*

— Remuer le passé… ça ne sert à rien. Ce qui est important, c'est Quentin. S'il n'a pas subi le même sort que Marine, c'est grâce à ton obstination. Aujourd'hui, c'est ça qui compte.

Orsalhièr s'ébouriffe les cheveux. Avec ses boucles en pétard, Mathilde réalise d'où lui vient sa parenté avec Adèle. Il a le même air de sale gosse, buté et charmeur.

— Comment peut-on croire que la femme que l'on aime s'est réincarnée dans un bébé ? Et comment ce bébé devenu grand peut-il reproduire la même folie ?

— Je ne veux pas rentrer dans leurs têtes malades, élude Mathilde d'une petite voix. L'amour, c'est un peu un genre de folie, non ?

60

Manoir des Grands Cerfs

Les techniciens de la police scientifique plient bagage. Delage a confié les clés à Muller qui met le moteur en marche. À l'arrière du véhicule, Svetlana Eckert, de son vrai nom Marine Laborde, 18 ans, et non 22 comme le prétend sa fausse identité, est accompagnée de deux agents qui veillent sur sa sécurité comme sur celle de la conductrice. La jeune veuve alterne phases de prostration et accès de violence. Lorsque la fureur l'emporte, elle se contorsionne, cherche à mordre et baragouine des paroles dans une langue inconnue des policiers. Dès son arrivée à Lille, elle sera présentée au juge dont les questions sont nombreuses.

Combien de temps avant la mort de Lucie Édouard a-t-il prémédité son crime ? Lucie a-t-elle pris une part active à ces préparatifs ?

Svetlana sait-elle qu'Édouard Eckert l'a enlevée à ses parents après avoir froidement assassiné sa mère ?

Où Svetlana a-t-elle été élevée ? Au manoir des Grands Cerfs ? En Roumanie où la fondation Eckert finance trois orphelinats et où Édouard possède également une résidence ?

Grâce à quels subterfuges, pots-de-vin ou par l'intermédiaire de quels réseaux de faussaires, Édouard a-t-il donné sa nouvelle identité à Marine Laborde ?

À quel âge Svetlana a-t-elle commencé à partager son lit ? Quelles étaient leurs relations ? Quelle sorte de culte vouaient-ils à Osiris ?

Quand Édouard a-t-il convaincu Svetlana de mener à bien ce projet d'homicide et d'enlèvement ? Comment Svetlana a-t-elle assassiné Chloé Dussart ? Quels étaient ses projets concernant Quentin Dussart ?

Comment les époux Eckert se sont-ils procuré la collection d'armes qui a été découverte dans la pièce secrète ?

Et pourquoi des traces du sang des bébés ont-elles été retrouvées dans les deux affaires ?

Ces interrogations tourbillonnent dans l'esprit de Mathilde tandis qu'elle supervise la pose des scellés. L'instruction, qui ne fait que débuter, répondra à certaines questions. D'autres resteront dans l'ombre. Celles auxquelles Svetlana Eckert ne voudra ou ne pourra pas apporter de réponses. Parce qu'elle taira sciemment certains détails. Parce qu'elle sera incapable de distinguer souvenirs réels et souvenirs greffés. Parce que Lucie et Édouard ont emporté dans leur tombe une partie de leurs secrets.

Demain, Mathilde, demain… Ce soir, on fait la fête. On boit et on se vide la tête. Et tant pis pour le contrôle…

Quel que soit l'état d'épuisement de tous les policiers ayant participé à l'enquête, ils ne rentreront pas chacun de son côté. Il leur sera impossible de se quitter. Pas comme ça. Ceux qui se retrouveront à la DIPJ dans moins d'une heure repartiront ensemble. Peu importe où, mais ensemble. Ils s'enivreront de l'euphorie de cette victoire. Éphémère, provisoire, qu'importe. Pour quelques heures, ils oublieront les fiascos et les déroutes à venir. Il n'y aura jamais de fin de partie, pas plus que de score final. La mort, le mal, le noir ont une trop grande longueur d'avance. Le jeu est truqué à tous les niveaux. Il y a des salauds à chaque étage. Aujourd'hui ils ont grappillé un point. C'est déjà beau.

Mathilde salue ses collègues et marche vers sa moto en pensant à Albert. Il avait une drôle de voix au téléphone. Elle est la dernière à quitter le site. Orsalhièr l'attend à la grille. Il avait besoin de marcher. L'essence de lavande et l'écharpe du montagnard font barrière au souffle empoisonné de l'étang. Si mince et fragile, cependant. Elle se demande si l'odeur n'est pas en elle, comme un mirage malsain fabriqué par son cerveau. Si elle n'est pas en train de perdre pied. *Je gère... Mais jusqu'à quand ?*

Elle enfile son casque en étouffant un cri. Sa blessure s'est remise à saigner. Elle appuie sur le démarreur. Les roues font crisser les graviers. Elle accélère dans la ligne droite. *Hâte de quitter cet endroit.* Accélère encore. Cligne des yeux. Une forme dans la lueur des phares. Elle donne un coup de guidon pour éviter la biche statufiée au milieu de l'allée. La moto dérape, glisse, son flanc heurte un arbre. Mathilde est éjectée. Elle gît, les jambes en travers du chemin, le buste dans les herbes d'un fossé de drainage. Cette odeur… Cette odeur… Elle voudrait cesser de respirer. Mais son corps en a décidé autrement. Une explosion dans son crâne. Elle a chaud. Elle baigne dans la lumière. Les cigales chantent. C'est l'été. Une pièce d'étoffe blanche valse dans la brise. Elle s'entend dire non avec une voix qui n'est pas la sienne. Qui n'est plus la sienne. Sa voix d'enfant.

61

Manoir des Grands Cerfs, mardi, 22 h 45

Orsalhièr court, ses yeux fouillent l'obscurité. La moto est en travers de la route. Les phares balayent le sol. Une forme à terre. Elle remue. Elle est assise. Son soulagement est bref. Il hurle.

— Non ! N'enlève pas ton casque !

Mathilde passe outre. Son crâne peut bien voler en éclats, elle s'en contrefout. D'ailleurs, c'est déjà fait. Les bris sont à l'intérieur, un puzzle découpé dans la tôle d'un souvenir, pièces en vrac, bords tranchants. Remuer le passé ne sert à rien. Sauf quand c'est lui qui remue à en lacérer la raison. *Et qu'est-ce que je vais faire de ça, maintenant ? Je suis en train de devenir folle ! Comme maman...*

— Tu es blessée ? Fais voir.

Elle se laisse examiner les jambes, le dos, les bras, la tête. Sans protester. Pas la force. Pas l'envie.

— Je n'ai rien. Rien. Pas une égratignure.

Et elle se met à pleurer. Le montagnard s'agenouille, la prend dans ses bras, la berce. Il se tait, il ne sait pas quoi dire. Il ignore les mots qui pourraient lui servir de pansements. Il la tient contre lui, lui sert de tuteur silencieux. C'est bien comme ça. Le temps ne presse pas. Il a compris qu'à vouloir le bousculer et le gaver de choses inutiles, il finit par nous vomir à la gueule. Ne pas courir après. Juste s'appliquer à le nourrir de choses vraies. Essentielles. Après un long moment, Mathilde se dégage. Doucement. Ça ressemble presque à une excuse. Elle essuie ses larmes du revers de la main. Elle essaye de lui sourire. C'est triste et douloureux, mais c'est un début.

— La moto ?

— Tu veux que je regarde ?

— S'il te plaît.

Orsalhièr ausculte l'engin, comme sa conductrice quelques instants plus tôt. Il le redresse.

— Pas de bobos. Juste des rayures.

Pas comme moi, alors. Mathilde se relève prudemment, étire ses bras et ses jambes, se masse le cou. *Ne pense plus. Essaie ça. Mets un pied devant l'autre. Juste ça.*

— Je ne sais pas si je suis en état de conduire.

— Tu ne sais pas ! Si tu ne le sais pas, moi, je te le dis : il n'en est pas question.

— Et comment on fait, alors ?

— C'est simple, pour le retour, tu passes derrière.

— Si c'est une plaisanterie… J'ai bien vu que tu pétochais.

— C'est vrai, je déteste être à la place du passager. Aux commandes, c'est une autre histoire. Tu te sens en état ?

— Mais…

— Allez, fais-moi confiance.

Ça a l'air simple, dit comme ça...

— Pierre ?

— Oui ?

— Merci de ne pas avoir posé de questions.

— Allez, mets ton casque et accroche-toi, j'ai pas envie de te perdre en route. Tu veux retourner à la DIPJ ?

— Non. Chez moi. Je préviendrai Albert en arrivant pour lui expliquer. Il comprendra…

— OK, chef. C'est toi qui décides.

Décider, gérer... Tu parles d'un fardeau...

Mathilde se cramponne à Orsalhièr. C'est la seule idée qui l'occupe. Tenir. Éviter de se désagréger. Elle se concentre sur les sensations de son corps immobile qui fend la nuit à pleine vitesse. Il y a comme une ivresse à ne plus vouloir. Elle se laisse conduire. Les formes et les couleurs sont aspirées, étirées, fondues. La forêt de Mormal. L'autoroute. Les lumières de la ville. Ils sont dans la courée. Le grand chien blanc lève la tête et remue la queue à leur arrivée. La fenêtre de la chambre d'Adèle est éteinte. Sa mère fume une cigarette à la fenêtre de la cuisine. Mathilde répond à son salut d'un signe de la main. *Au moins, elle est rentrée... Un souci de moins.*

— C'était pas si terrible, tu vois ?

— Tu te débrouilles très bien. J'aurais pas cru…

— Bon, ben, je vais te laisser. J'imagine que tu as bien besoin de te reposer.

— Et toi ?

— Je retourne à ma voiture. Elle est garée pas loin. Pas impossible que je me mette en route ce soir.

— Allez, arrête tes bêtises. Va prendre ton sac. Je vais t'installer dans la chambre d'amis. Tu ne vas pas repartir comme un voleur. *Pas ce soir.*

— Je ne veux pas déranger. Et puis, tu as sûrement envie de parler à Albert…

— Je vais l'appeler pendant que tu vas chercher tes affaires. Fais-moi plaisir, reste.

62

— Je comprends, ne t'inquiète pas. On se voit demain, Mathilde, je t'embrasse.

Tout doucement, Albert repose le combiné et s'enfonce dans son fauteuil en réchauffant le cognac entre ses paumes. Son regard se perd dans les ondoiements du liquide brun ardent. Un cadeau de Mathilde « pour les grandes occasions ». Dans l'esprit de Lazaret, il ne fait pas de doute que c'est l'une des toutes dernières.

Un peu plus tard ou un peu plus tôt, au point où il en est… Il avale une pleine rasade et son gosier le brûle. Il aurait aimé trinquer avec elle. Elle aurait fermé la porte et se serait assise en ramenant ses jambes contre sa poitrine. Elle l'aurait houspillé. « Cul sec ! Non, mais je rêve ! Un hors-d'âge, ça se savoure, Albert ! » Elle l'aurait resservi et au passage lui aurait caressé l'épaule. Puis elle aurait passé le breuvage sous son nez en lui demandant de fermer les yeux. « C'est l'hiver. Le chêne brûle dans la cheminée. Tu es bien peinard sur un canapé en cuir. Il y a un havane dans le cendrier, mais tu ne vas pas le fumer tout de suite. Tu croques un carré de chocolat. Quelqu'un est en train de peler une orange dans la pièce. Sur les claies du grenier, des pruneaux finissent de sécher. Un essaim d'abeilles s'est tapé l'incruste dans la soupente. Tu sens maintenant ? » Elle lui aurait demandé de rouvrir les yeux et son sourire aurait valu invitation à boire.

Il sent et il voit le sourire de Mathilde. Il se dit qu'il est con de ne pas avoir cherché à le cueillir. Au bout du compte, seule cette fleur lui a embaumé le cœur. À tourner autour des salauds, il s'est éloigné de l'essentiel, a perdu la trace du bonheur. Toute une nuit, il l'avait tenu dans ses bras. Il aurait pu y coucher sa vie, la border d'un drap de doux, la broder d'un fil de beau. Même pour le peu qu'il lui en restait. Au petit matin, il s'est cru trop vieux pour le garder. Il a eu la trouille de le perdre. Pire, de l'abîmer.

Une nuit peut-elle remplir une existence entière ? Probablement que non. Sauf peut-être de regrets. Lazaret n'en ressent pas d'aigreur. Il aurait pu... En son for intérieur, il sait que sa décision était la bonne. Pour Mathilde. Il n'avait plus grand-chose à lui offrir, sauf ses vieux jours. Elle méritait mieux qu'un type en bout de course. Elle mérite mieux, oui. Le mal de chien que ça fait, d'avoir raison. Surtout ce soir.

63

Lille, quartier de Wazemmes

Orsalhièr plonge le tissu dans l'eau savonneuse et tamponne la plaie en grommelant. Les paupières de Mathilde se crispent. Elle ne consent pas même un gémissement.

— Qu'est-ce que tu dis ?

L'Ariégeois jette la gaze dans la poubelle.

— Je dis, je dis qu'on aurait dû aller à l'hosto pour qu'ils te recousent !

Mathilde fait non de la tête et lui désigne un tube dans l'armoire à pharmacie.

— De la colle. Ça fera l'affaire.

— De la colle ! Et puis quoi encore !

Dans la glace, Mathilde voit son reflet et celui de son infirmier. Elle, tee-shirt déchiré sur son épaule dénudée, peau crayeuse, la toison rase et noire de ses cheveux, aussi impavide qu'un mannequin de cire. Lui, hâlé, le sourcil râleur, le tif rebelle, le geste bavard. Le tableau est surréaliste, cocasse. Elle attrape la main d'Orsalhièr et y dépose le tube.

— C'est une colle médicale. C'est ma copine légiste…

— Ce que je dis ! C'est bon pour les morts !

— Ce que tu peux être têtu !

Orsalhièr s'immobilise, fixe Mathilde et se met à rigoler.

— Et c'est toi qui me dis ça…

Semblable à l'échappée d'un colibri, le rire de Mathilde rejoint celui d'Orsalhièr. Elle ignorait qu'elle le portait encore en elle, avait oublié son chatouillement poids plume. L'Ariégeois ne rit plus. Il est trop occupé à la regarder. Les narines de Mathilde palpitent. L'atmosphère a viré. L'air brasse des poudres chaudes, miellées. *Muscade râpée*, pense Mathilde au moment où le doigt d'Orsalhièr se pose sur ses lèvres. Il se penche, elle se hisse sur la pointe des pieds. Leurs langues s'accrochent, se nouent. Mathilde perd ses facultés d'analyse, se laisse couler et boit jusqu'à plus soif.

Orsalhièr la soulève, l'assoit sur le lavabo. Mathilde a tressé ses doigts dans ses cheveux. Ses yeux ont la couleur de l'ardoise au soleil. Le signal est limpide.

— Pour la suite, souffle-t-il, il va quand même falloir que… euh… je te recolle.

Mathilde se blottit contre lui, lui lèche la lèvre et suit la piste d'une odeur sauvage qui se perd dans l'échancrure de son pull.

— C'est facile, je vais t'expliquer comment faire.

64

Lille, quartier de Wazemmes,
mercredi, 9 heures

Mathilde prend une inspiration et ouvre les yeux. La place à côté d'elle est vide. La nuit y est encore nichée. Un bout de papier repose sur le drap. « Parti chercher des croissants. T.S.V.P. » Elle hausse un sourcil et retourne le message. « La spiranthe d'automne, tu connais ? C'est une petite orchidée sauvage, parmi les rares de son espèce à être parfumée. Un peu comme toi. Autrefois, on en accrochait des bouquets à l'entrée des maisons pour les protéger de la foudre. Ça ne marche pas, bien sûr. Moi, ça ne m'a pas protégé. Tu fais le voyage du retour avec moi ? »

Rêveuse, Mathilde agite la feuille quelques instants. Puis elle délivre une jambe entortillée dans les draps, s'étire, se lève. Dans la salle de bains, elle s'asperge d'eau fraîche et vérifie que sa blessure n'a pas gonflé. *Il a bien travaillé…* Ses lèvres s'ourlent, embrassent une réminiscence. *Mieux que ça, même…*

Face à son reflet, la jeune femme suit les contours anguleux de son visage, n'est plus tout à fait sûre de se reconnaître. Ce qu'elle sait, ce matin, c'est qu'une part d'elle-même lui est inconnue et que la cohabitation est devenue impossible. *Dangereuse... Tu ne vas pas pouvoir repousser éternellement, sinon tu y laisseras ta peau.*

Le rire communicatif d'Adèle l'arrache à ses pensées et lui met du baume au cœur. Elle saute dans un jean. En enfilant son pull, elle cueille sur son bras de l'âme des montagnes. *Oui, c'était bon...*

Lorsqu'elle apparaît, les conversations se taisent. Orsalhièr jette un regard gêné en direction des invités-surprises. Lazaret se lève le premier et embrasse son adjointe sur le front. Mathilde fronce le nez. Les atomes capturés par son odorat lui déplaisent.

— Je suis passé voir comment tu allais. Aussi pour te dire que tu étais interdite de séjour à la DIPJ pour les deux prochaines semaines. Les récups, tu t'en souviens ?

— Je ne vais pas discuter les ordres de ma hiérarchie, Albert. Pas avant d'avoir pris une bassine de café.

— Je t'ai préparé ton mug et j'ai beurré des tartines, s'exclame Adèle, pas peu fière. Et puis Pierrot a acheté des croissants !

Mathilde lui tend une serviette et lance une œillade en coin à Orsalhièr.

— Pierrot, hein... Essuie donc tes moustaches.

— C'est aussi Pierrot qui a préparé le chocolat. Trop bon ! Il m'a donné la recette.

Mathilde et Orsalhièr se disent bonjour des yeux. Lazaret les observe en versant le café dans la tasse de son adjointe.

— On a pris une décision, annonce Adèle avec solennité en fixant Mathilde.

— Quelle décision ? Et puis, c'est qui « on » ?

— Moi et Pierrot.

— On dit « Pierrot et moi ».

— Oui, bon, c'est moi qui ai eu l'idée, alors on va pas chipoter. Tu te rappelles ce que je t'ai dit à propos des signes ?

— Tu dis tellement de choses, Adèle ! Mais oui, je me rappelle.

— Alors figure-toi que le chien, c'est pas n'importe quel chien. C'est un chien de montagne des Pyrénées. Même que là-bas, ils l'utilisent pour garder des troupeaux et les défendre des ours et des loups.

— Oui, et où tu veux en venir ?

— Ben, Pierrot, il veut bien l'emmener avec lui. Il dit qu'il a un ami berger qui s'en occupera très bien.

— Tu ne vas pas être trop triste ?

— Non, pourquoi ? S'il est heureux et en liberté, je serai heureuse pour lui. Puis Pierrot, il m'a dit que si je voulais, je pourrais venir le voir aux prochaines vacances. Maman, elle me laisserait aller, si c'est avec toi, on l'a déjà fait, pas vrai ?

Orsalhièr n'ose pas lever le regard du croissant qu'il est en train de plonger dans son bol.

— On verra. C'est pas la porte à côté et puis les prochaines vacances, c'est pas pour tout…

— … Tu dis pas non, alors ?

Oui. Va pour la spiranthe d'automne. Quelques jours, pourquoi pas ?

— J'ai dit on verra.

— Trop cool, Mathilde !

La table du petit déjeuner débarrassée, Orsalhièr saisit l'anse de son sac et s'adresse à Adèle :

— Tu viens m'aider à faire monter le chien dans la voiture. Ce sera plus facile avec toi. Et puis, comme ça, tu lui diras au revoir.

La fillette acquiesce et se lève presque au ralenti. Son menton pointu tremblote, il y a de la pluie dans ses mirettes. La responsabilité vient de passer de l'état de concept à celui de boule au ventre et c'est vachement dur.

Mathilde et Lazaret se retrouvent en tête à tête. Il prend sa main entre les siennes, la soupèse, s'émeut de sa légèreté comme de sa blancheur.

— Tu vas bien, tu es sûre ? Tu veux pas que je t'accompagne faire des radios…

— C'est pas utile, Albert, je t'assure. Le problème est ailleurs. Ce bout de tissu blanc, les émotions que j'ai ressenties… Ce n'était pas de simples images. Plutôt comme le bout déchiré d'une photo.

— Tu comptes faire quoi ?

— Je veux comprendre.

— Bon. Quand ce sera le moment, je serai à tes côtés.

Mathilde dégage sa main, retourne celle de Lazaret et lui caresse la paume en suivant sa ligne de vie. *Moi aussi, je suis là, Albert.*

— Tu veux me faire plaisir ?

— Tout ce que tu veux.

— Prends quelques jours, toi aussi. Il date de quand ton dernier check-up ?

Lazaret fait les gros yeux sans parvenir à impressionner Mathilde.

— Promets de prendre rendez-vous chez ton toubib.

Dans un soupir consentant, Lazaret acquiesce. Il n'a pas peur de ce qu'il sait déjà. Mathilde se force à sourire et lui embrasse la main.

— Bon. Et Dussart, alors ?

— Il a trois chefs d'inculpation sur le dos, dont celui de viol. S'il n'a pas tué Chloé, il en avait le projet. Il s'est juste fait devancer, ce salaud.

— Son fils ?

— Il va être placé en attendant de savoir qui en aura la garde. Il y a des chances que la tante de Chloé l'obtienne.

— OK. Et puis, on a encore du pain sur la planche avec Svetlana Eckert.

— Comme tu dis. Ça va m'occuper jusqu'à la retraite. Tiens, revoilà ton Pierrot.

— C'est pas mon Pierrot !

— Pas à moi, jeune fille.

Orsalhièr toussote en poussant la porte.

— Adèle ? l'interroge Mathilde.

— Elle est encore dans la voiture. Elle a des choses à dire au chien.

— Adèle a toujours des choses à dire, elle parle même aux pierres. Je vais aller la voir, je suis sûre qu'elle n'en mène pas large. On se retrouve à ta voiture ?

Sénéchal n'a pas attendu la réponse pour enfiler son blouson et disparaître. Lazaret s'est mis sur le départ. Orsalhièr lui tend la main.

— Content de te connaître, Albert.
— Moi aussi, on te doit une fière chandelle.
— Tu aurais agi pareil.
— Sans doute… Une dernière chose. Pour Mathilde…
— Mathilde ?
— Fais en sorte d'assurer quand elle aura besoin de toi. Surtout si elle te dit le contraire.

Le pas de Lazaret fait crisser les graviers de l'allée. Perplexe, Orsalhièr s'assied sur le perron. La sortie du vieux flic sonnait comme un avertissement solennel.

65

Un mois plus tard

Delage a perdu trois kilos. Après avoir longuement pesé le pour et le contre, il a décidé de prendre le même avocat que son épouse. Il n'a pas envie de s'engager dans une guérilla, d'autant qu'avec les femmes en général, et la sienne en particulier, il n'a jamais eu le dernier mot. Il préfère que ça se passe le moins mal possible. Pour ses « gosses » qui n'en sont plus, celles qu'il appelle tendrement ses « fichues emmerdeuses ». En revanche, il a toujours une dent, et plutôt une canine, contre l'employé du Crédit Agricole. Lequel serait bien avisé de changer de trottoir, si d'aventure sa route venait à croiser celle du lieutenant. Pour l'heure, Dédé a des sujets de préoccupation bien plus graves. Comme ce qu'il va mettre ce soir pour inviter Nathalie Frémaux au restaurant. La chemise gris anthracite ou le polo noir ? Il opte pour le noir qui amincit car ses poignées d'amour sont loin d'avoir fondu. *Il y a encore du boulot*, pense-t-il en évaluant son tour de taille. S'il est passé du statut de « largué » à celui de « libre », le quinquagénaire envisage son retour sur le marché du célibat avec appréhension. Il n'a pas envie de précipiter les choses. D'après ce qu'on dit, le meilleur moment, ce serait l'escalier. Pour tout dire, ce qui l'inquiète, ce n'est pas tant la montée des marches que ce qu'il se passera sur le palier et une fois la porte d'entrée franchie. Vingt-huit ans qu'il n'a pas fait l'amour à une autre que sa future ex. Il n'est pas loin de se sentir aussi puceau que devant un ordinateur. Mais quand faut y aller, faut y aller, et tant pis s'il a paumé le mode d'emploi. Un dernier coup d'œil dans le miroir, de l'eau de toilette sur les joues et le voilà prêt.

Sqalli a gagné cinq minutes sur son record personnel. Dans deux semaines, à ce rythme de progression, il passera sous la barre des soixante-trois minutes. Du coup, il s'est fixé un nouvel objectif : s'inscrire au marathon de Paris. C'est le prochain challenge qu'il s'est juré de relever. Lors de ses entraînements, il lui arrive de faire un bout de chemin avec une joggeuse, voire plus si affinités. Mais elle n'est pas née celle qui lui fera remiser ses baskets de coureur. La vie est trop courte pour faire toujours la même course. Pour ce soir, pas de rencard. Ce sera une bonne douche et le dernier DVD de James Bond. Il adore. Dans l'ordre, les James Bond girls, les bolides, les cascades. À la fin, et même s'il y a des dommages collatéraux, les ordures se font méchamment ratatiner. Ça repose.

Muller a gagné vingt mètres carrés d'espace dans son appartement. Elle vient de balancer son dernier carton de déménagement à la benne. Elle se sent mieux. Enfin chez elle. À la DIPJ, elle n'est plus la nouvelle. C'est Dédé qui lui a trouvé son surnom : « Excel ». Elle aime bien, puis ça veut dire qu'elle fait vraiment partie de l'équipe. Sa pendaison de crémaillère est prévue pour la semaine prochaine. Bien sûr, ils sont tous invités. Même Sénéchal. D'ailleurs, ça va mieux avec elle. Faut dire qu'elle a l'air moins remontée. Muller croise les doigts pour que l'accalmie soit permanente. La brigadière enlève ses gants de ménage et regarde sa montre. Elle ne doit pas traîner si elle veut avoir le temps de se pomponner. Ce soir, elle sort avec Viviane Bécart. La légiste lui a promis « Lille by night ». Rien de tel qu'une virée entre filles pour se changer les idées.

Adèle soulève le papier de soie, se mord la lèvre, interdite. Elle ouvre l'enveloppe avec la même délicatesse. « Tu les essaieras aux prochaines vacances. Joyeux anniversaire. M. » Il y a un mois, quand Mathilde est montée dans le 4 × 4 avec Pierrot, elle a vu l'apocalypse en marche. Le chien, Mathilde… La Bérézina avec un méga B puissance badaboum. Mais non. Mathilde est revenue. Adèle écrase une larme sur son poignet, se mouche. De sa courte vie, elle n'a jamais reçu plus beau cadeau. Mathilde lui a offert les chaussures de randonnée les plus cool de la galaxie.

Assis, les pieds au ras des vagues, Lazaret ramasse un galet blanc et se demande combien de temps il a fallu aux éléments pour en façonner la perfection. Il pense à la prétention des hommes, aux larmes évaporées et au poids dérisoire du sel qui leur survivra. Il s'interroge sur le temps qu'il lui reste. La question le tourmente moins que le délai dont il dispose avant que Mathilde ne mette un nom sur l'odeur qui le ronge.

66

Goulier, deux mois plus tard

Du promontoire où ils sont assis à même l'herbe tendre, Orsalhièr et Jehan dominent l'estive de la Mountagnette. Dans le creux d'une cuvette, les moutons paissent. Qualifier leur repas de paisible serait néanmoins exagéré. Car c'est sans compter les exclamations du feu follet roux qui roule et bondit en tous sens, poursuivi par un grand chien blanc. C'est Jehan qui lui a trouvé son nom de baptême. Il s'appelle Moïse. Les rires d'Adèle répondent aux jappements d'amour de Moïse et chatouillent les montagnes depuis les flancs de ses vallées jusqu'à ses éminences encore neigeuses.

— Beh, dis donc, ta petite là, si j'en avais dix comme elle, sûr que ça ferait fuir tous les ours du massif jusqu'au Portugal !

— Adèle, c'est une nature. Mais ce n'est pas ma petite. Et ce n'est même pas celle de Mathilde.

— Tu sais, Pierrot, les liens du sang, c'est très surfait. Le plus rancunier de mes moutons, il a plus d'affection pour moi que certains membres de ma généalogie. La famille, c'est un truc à géométrie variable, tu vois. Et m'est avis que la tienne elle est en train de se prendre deux côtés de plus.

— Au lieu de philosopher et puisque tu as le couteau, coupe-moi donc une tranche de pain et un peu de fromage.

— Ça creuse, pas vrai, mon gars ?

Orsalhièr frotte la casquette du berger en rigolant. Il adresse un signe à Mathilde qui gravit la pente à la rencontre des deux hommes. *Ce qu'elle est belle quand elle sourit…*

— Et elles repartent quand ? Tu me l'as dit mais je m'en souviens plus.

— Dans trois jours, soupire Orsalhièr.

— Faudrait peut-être que tu te décides à élaborer une stratégie pour la garder une fois pour toutes !

— Pas de stratégie, c'est ma stratégie, Jehan. Et puis je suis un type patient, tu sais.

— Oui, comme pour l'ours. N'empêche que tu l'as toujours pas vu, ton ours.

— Et alors ? L'important, c'est de continuer à le chercher, tu crois pas ?

67

Centre psychiatrique fermé,
deux mois plus tard

Depuis la fenêtre du premier étage, le psychiatre suit la promenade journalière de sa patiente. La jeune femme est, de loin, le cas le plus passionnant qui lui ait été donné de traiter. Une opportunité inespérée de faire décoller sa carrière. Comment extirper Lucie et permettre à Marine Laborde de naître ? Posée en ces termes, et après dix-huit années d'un conditionnement à huis clos, l'entreprise semblait vouée à l'échec. Les premières séances ont été chaotiques.

Ce matin, pourtant, à force de persévérance, Marine a franchi une étape décisive en acceptant de se séparer de l'alliance de Svetlana-Lucie. La prochaine consistera à organiser des retrouvailles avec sa grand-mère biologique. Pour que Lucie accepte de mourir et que Svetlana s'éteigne, il faut insuffler à Marine le désir d'exister.

Seul l'amour peut défaire ce que l'amour a fait.

Le chemin sera long et semé d'embûches, mais il a bon espoir. Les résultats sont indéniables. C'est ce qu'il a dit ce matin au capitaine Sénéchal venue glaner de nouveaux éléments à verser au dossier d'instruction. Les gouttes de sang retrouvées dans les chambres des bébés continuent d'intriguer les policiers. En dehors des sujets directement liés à l'enquête, la femme flic s'est montrée curieuse de connaître ses théories sur la manière dont nos peurs, nos traumatismes ou nos désirs recomposent la réalité. La mémoire est une arnaqueuse-née. La plupart du temps, elle enjolive ou elle escamote. Dans le cas présent, elle récite une leçon apprise par cœur. Quand l'un et l'autre lui sont impossibles et que la vérité ne peut être admise, elle se tait.

En repensant à la visite de l'enquêtrice, le psychiatre visualise la tension dans ses mâchoires et la manie qu'elle avait de frotter ses doigts contre son nez. Son diagnostic est sans appel. Ses questions n'étaient pas uniquement motivées par un intérêt professionnel.

ÉPILOGUE

Je progresse. C'est minuscule. Certains jours, je stagne.

Aujourd'hui, il m'a interrogée sur les circonstances de la mort de Chloé. Il voulait comprendre pour les gouttes de sang.

C'est Svetlana qui lui a expliqué. Dans sa voix, celle de Lucie s'est fait entendre et à travers elle, Édouard. « Une piqûre sur la pulpe du doigt, sang perlé aussitôt dispersé. Pour égarer la police et semer l'idée de la mort. »

Ma rechute l'a bouleversé. Cette nuit, il envisagera l'échec et fera l'inventaire de ses ambitions avortées. Demain, il n'en sera que plus disposé à croire en moi.

Demain, je redeviendrai Marine, cette créature dont il se prétend l'accoucheur. Il guidera ses premiers pas, se fera le garde-fou de ses trébuchements, encouragera son envol.

Ma guérison est sa victoire. Il la veut. Il veut Marine.

Je vais les lui donner. En échange de ma liberté.

Tu avais raison, Édouard, cette espèce est appâtée par ses propres vices. La soif d'argent et de gloire sont les deux faces de leur orgueil. Toute cette agitation pour être aimé ! C'en est risible.

L'amour n'est pas convertible dans une autre monnaie que l'amour.

L'amour se fout des lois, du temps, transcende les lois du temps.

L'amour, c'est ta toute petite main sur mon sein.

Une piqûre sur la pulpe du doigt. Premier sang pour boire à ton âme, mon bébé. Sang perlé aussitôt dispersé. Pour égarer la police, semer l'idée de ta mort et protéger le secret de ta résurrection.

J'ai toujours le goût de toi sur ma langue.

Le goût de l'amour.

J'aimerais tant t'embrasser encore sous le ciel d'Anvers.

NOTE AUX LECTEURS

Cette fiction m'a été inspirée par un fait divers survenu à Flavin, dans l'Aveyron, et qui sera connu, une fois l'énigme résolue, sous le nom d'« affaire von Matt ».

Le 14 février 2000, en rentrant à son domicile, Patrice Moulinier découvre les corps sans vie de sa femme Manuela et de sa fille Morgane, née d'une première union. Toutes les deux ont été tuées d'une balle de 22 LR tirée dans le crâne. Martin, le bébé de Patrice et de Manuela, âgé de cinq semaines, a disparu. Par sa coïncidence avec la fête de la Saint-Valentin, ce double homicide, suivi de la disparition incompréhensible du nourrisson, aura un retentissement national. Aucun témoin le matin du crime, toutes les investigations, y compris celles autour de la victime, conduisent à des impasses. Deux cent cinquante personnes sont entendues en cinq semaines. Le profil de Patrice Moulinier présenté comme un « homme à femmes » intrigue les enquêteurs. Au cours de sa garde à vue qui durera trente-cinq heures, c'est finalement lui qui oriente les soupçons vers Jean-Marie von Matt, un homme d'affaires d'origine alsacienne ayant fait fortune en Suisse. Patrice Moulinier aurait noué d'étranges liens avec ce châtelain et son épouse, Simone von Matt. De 1995 à 1996, Patrice Moulinier a fréquenté le couple von Matt dans leur château de Campagnac en Dordogne. Patrice y a été l'amant de Simone von Matt, relation encouragée par son époux. Durant cette période, entre les trois protagonistes, il aurait été question d'un « serment ». En janvier 2000, depuis la Floride où il a émigré, Jean-Marie von Matt téléphone à Patrice Moulinier et lui annonce la mort de sa femme. Patrice Moulinier lui apprend qu'il vient d'être père. « Simone est morte, tu dois libérer son âme, maintenant », lui aurait déclaré von Matt. Le 12 février 2000, von Matt prend l'avion pour Zurich et y loue une voiture. Dans la matinée du 14 février, il assassine Manuela et Morgane et enlève le petit Martin. Dans le tapis de sol de la voiture de location utilisée par von Matt, les enquêteurs découvrent une troisième balle couverte du sang de Martin. À ce stade, il ne fait plus de doute que l'enfant est mort et von Matt devient le suspect numéro 1. En raison du tour « mystique » pris par l'affaire, les recherches se poursuivent dans le lieu où Moulinier et les von Matt auraient scellé leur mystérieux « pacte ». Ils découvrent enfin une quatrième balle dans le parc de l'ancienne propriété des von Matt. Précisément dans les cendres d'un foyer autour duquel sont identifiées des traces de gros sel. Le bébé aurait été incinéré au cours d'une sorte de « cérémonie ». Les enquêteurs se rendent alors à Miami où ils constatent que von Matt s'est donné la mort avec un P38 d'une balle tirée dans le menton. Un peu moins d'un mois après le triple homicide, dans ce duplex où il s'est coupé du monde, von Matt a mis en scène son « départ ». Entièrement vêtu de noir, il s'est donné la mort au-dessus d'une toile cirée. Les murs sont recouverts de photos retraçant les trente ans de vie commune avec sa femme. Il y a également un cliché de Simone dans son cercueil. Au sol, des lettres et des Post-it. « Arrive en paix », « Il faut que tu partes », « Tout est fini maintenant ». Comme si Simone avait invité son époux à la rejoindre.

Des petites phrases, glanées dans différents articles, ont stimulé mon imaginaire pour donner naissance à cette fiction.

« Seul survivant. Cette histoire, c'est Patrice Moulinier qui l'a racontée aux gendarmes. »

Et si Patrice Moulinier avait été dans l'impossibilité de mettre les enquêteurs sur la piste de von Matt ?

« En revanche, aucun texte qui explique le déchaînement meurtrier. »

Et s'il ne s'agissait pas d'un déchaînement, mais plutôt d'un plan mûri et prémédité ?

« Pourquoi von Matt avait-il jeté sa femme dans les bras de Patrice Moulinier, si cela s'est bien passé ainsi ? » « *Von Matt finit par se suicider d'une balle dans la tête, emportant avec lui la part de secret qui fait de la tuerie de Flavin une grande affaire criminelle, le mystère de la Saint-Valentin.* »

Avec la mort de von Matt et le silence de Moulinier, les enquêteurs ne peuvent que spéculer, qu'il s'agisse de la relation triangulaire entre le couple et Moulinier, du mobile des meurtres ou de la signification du rituel au cours duquel a été incinéré le corps du petit Martin.

Et s'il n'était question que d'amour et de « passage » ? « L'amour, c'est un peu un genre de folie, non ? » dirait Mathilde.

« Moulinier, homme aux innombrables conquêtes féminines. »

Et si le mari avait eu des choses à cacher aux enquêteurs ?

« Pensait-il que sa femme allait se réincarner dans le petit Martin ? »

Et si Moulinier avait eu une petite fille ? Et si Martin devenait Marine ? Et si l'histoire se reproduisait sans fin ?

Dans les espaces laissés libres aux conjectures, j'ai construit mon histoire en laissant la part belle à un amour fusionnel autant qu'irrationnel. Un amour devenu religion. Aux esprits perméables à la magie du monde, cette hallucination apparaît plus enivrante que la perspective d'une existence sans but ni substance.

Dans nos sociétés livrées au dieu de l'argent et soumises à une consommation effrénée, la recherche du sens et d'une vérité qui serait absolue peut aussi confiner au délire. À trop scruter le ciel, c'est l'enfer que nous construisons sur terre. La foi reste un mystère hermétique à ceux qui y sont étrangers. Elle peut conduire à l'enfermement, à la folie morbide. Le monde est tel que nous le regardons. Tel que je le vois, il m'arrive de désespérer des hommes.

J'ai mis en scène mon groupe d'enquêteurs à la PJ de Lille où j'ai eu l'occasion de pratiquer une journée d'immersion, avec un passage à l'IML dont je conserverai un souvenir olfactif « éternel ». Je remercie celles et ceux qui m'ont accueillie de m'avoir fait partager un peu de leur quotidien et d'avoir répondu à mes nombreuses questions.

La disparition d'un nouveau-né provoque une situation de crise et une mobilisation absolue, sous haute tension jusqu'au dénouement. Chaque minute qui passe, les chances d'une issue heureuse se réduisent comme peau de chagrin. Cet « état d'urgence » résonne différemment en fonction de la personnalité et des expériences personnelles des protagonistes, mais elle ne laisse personne indemne. Aussi épaisse soit la cuirasse. Même celle de Mathilde Sénéchal. Son mystère reste entier. Pour reprendre les rênes et garder le contrôle, puisque c'est son trait de caractère saillant, il faudrait qu'elle se décide enfin à respirer l'odeur de la vérité. Je vais l'encourager dans ce sens.

REMERCIEMENTS

À Paul, pour son accompagnement généreux.
À Pierre, pour sa présence et sa constance.
À Danielle, pour ses conseils amicaux.
À Valérie, pour sa confiance.

Découvrez dès maintenant
un extrait de

Vaste comme la nuit
le nouveau roman de
Elena Piacentini

Chez Fleuve Éditions

ELENA PIACENTINI

VASTE COMME LA NUIT

fleuvenoir

À Isabelle, avec mon amitié inconditionnelle
et mon admiration.

« Pape Clément ! Roi Philippe ! Avant un an, je vous cite à paraître au tribunal de Dieu pour y recevoir votre juste châtiment ! Maudits ! Maudits ! Tous maudits jusqu'à la treizième génération de vos races ! »

Jacques de Molay,
avant d'être conduit au bûcher

« Tout ce qui ne vient pas à la conscience revient sous forme de destin. »

Carl Gustav Jung

« Quand vous n'en pouvez plus, faites comme moi : pensez à des troupeaux d'éléphants en liberté en train de courir vers l'Afrique, des centaines et des centaines de bêtes magnifiques auxquelles rien ne résiste, pas même un mur, pas même un barbelé, qui foncent à travers les espaces ouverts et qui cassent tout sur leur passage, qui renversent tout, tant qu'ils sont vivants, rien ne peut les arrêter, la liberté quoi ! »

Romain Gary

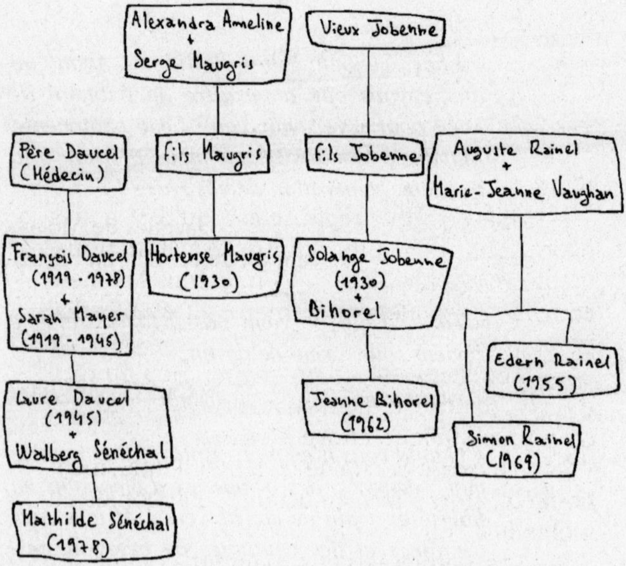

Alexandra Ameline
+
Serge Maugris
Vieux Jobenne
Père Daucel
(Médecin)
Fils Maugris
Fils Jobenne
Auguste Rainel
+
Marie-Jeanne Vaughan
François Daucel
(1919 - 1978)
+
Sarah Mayer
(1919 - 1945)
Hortense Maugris
(1930)
Solange Jobenne
(1930)
+
Bihorel
Edern Rainel
(1955)
Laure Daucel
(1945)
+
Walberg Sénéchal
Jeanne Bihorel
(1962)
Simon Rainel
(1969)
Mathilde Sénéchal
(1978)

— Avec ce foutu métier, il me reste une dernière certitude, Mathilde : dans une enquête, à un moment ou à un autre, d'une façon ou d'une autre, tout le monde ment.

— S'il y a une règle, c'est qu'il y a des exceptions. Cent pour cent, c'est statistiquement impossible, Albert. Et puis tous les mensonges ne se valent pas. Il faudrait établir des gradations.

— Petit ou gros, ça ne change rien au problème : personne ne dit jamais *toute* la vérité, on a tous quelque chose à cacher.

— Il n'existe personne de fondamentalement honnête, alors ? Moi, pourtant, j'en connais au moins un. Toi.

— Les honnêtes gens mentent comme les autres, mais pour d'honnêtes raisons.

1

Il y a un ailleurs possible pour les gens qui s'aiment

Mathilde entame en état de transe la dernière phrase de son solo d'alto. Le tiers de son visage est mangé par la mentonnière, le manche paraît trop large et trop lourd pour sa main d'enfant. Le duvet de sa lèvre supérieure est mouillé de sueur. En glissant, la bretelle de sa salopette a frotté sa peau nue et arraché la croûte d'une égratignure qui s'est remise à saigner. Debout, au milieu de la chambre aux volets clos, elle décoche ses traits d'archet, animée d'une foi à écarter les montagnes.

Trois semaines plus tôt, lorsque Jeanne est venue chez elle pour la première leçon des grandes vacances, la cassette de *West Side Story* était glissée dans son Walkman et elle fredonnait *Somewhere* en traversant la pelouse. Toute dorée dans sa robe blanche à volants, Jeanne semblait si heureuse ce jour-là. La chanson était belle, Jeanne était rayonnante, la réunion des deux par cet après-midi d'été tenait du ravissement. « Je t'attendais à la fenêtre et je t'ai entendue, tu chantais quoi ? C'était si émouvant ! » Avant de débuter son cours, Jeanne lui a expliqué les *Jets* et les *Sharks*, Tony et Maria, Roméo et Juliette et la longue liste des amours impossibles des livrets d'opéra. Mathilde, ça lui a fichu un coup au moral. Toutes ces fins tristes, à force, c'est déprimant. Pourtant, il y avait mille moyens de faire en sorte que l'histoire se termine bien. Déjà, si au lieu d'attendre que le monde entier se ligue contre eux, Tony et Maria avaient mis les bouts, les choses se seraient emmanchées autrement. Son opinion sur le sujet est arrêtée : rien n'est écrit d'avance, la fatalité est une invention des adultes pour justifier leurs erreurs d'aiguillage. Après une nuit passée à retourner les paroles dans tous les sens, Mathilde a choisi d'y voir un message d'espoir. Il y a un ailleurs possible pour les gens qui s'aiment : elle n'a voulu retenir que cela.

De l'intention à l'action, le chemin a été semé d'embûches. Plusieurs fois, elle a été tentée de se rabattre sur une partition moins ambitieuse. Son désir de surprendre Jeanne, de lui faire comprendre combien elle l'admire et elle l'aime, l'a galvanisée. Mathilde n'a pas froid aux yeux. Les sonorités qu'elle tire de son instrument ont des accents de vérité qui montent à l'âme. Par instants, les notes semblent humaines et une voix serrée par l'émotion jaillit.

Jeanne ne s'y trompe pas. C'est bien un chant d'amour dont sa jeune élève lui fait l'offrande. Son regard se brouille d'une mélancolie coupable. Ce cadeau, elle ne le mérite pas, ou plutôt, elle ne le mérite plus. Au bord des larmes, elle réalise que le temps a passé trop vite, et que l'innocence est un pays que l'on quitte sans espoir de retour. La sienne est derrière elle.

Le silence se fait. L'archet est retombé et continue de scander la mesure contre le mollet maigrichon et brun de Mathilde. Essoufflée, tendue, elle attend le verdict. Jeanne se rapproche d'elle en silence, remonte sa bretelle, écarte ses longs cheveux en bataille, et prend son visage entre ses doigts. Mathilde inspire à s'en faire craquer les poumons. Jeanne sent bon et son sourire de madone a un avant-goût de paradis.

— C'était très beau. Entier et libre, comme toi, ma puce.

— Tu as aimé ? Vrai de vrai ? C'est pas juste pour me faire plaisir ? J'ai raté…

— Chut, la coupe Jeanne en lui pinçant la joue. Tu as été magnifique, tu m'entends ? La technique est importante, je ne vais pas prétendre le contraire après tous les exercices que je t'ai imposés. Mais si tu la laisses te dominer, si tu oublies qu'elle n'est pas une fin en soi, tu passes à côté de l'essence de la musique. La musique, ce n'est rien d'autre que de l'émotion, Mathilde. Et tu es douée pour ça. Ne l'oublie jamais. Quoi qu'il arrive. Tu promets ?

Mathilde, aux anges, acquiesce.

— Et pour vendredi prochain, tu veux que je travaille sur quoi ?

— Vendredi… Nous verrons. En attendant, jouons ensemble une dernière fois, tu veux ?

2

Le village de Goulier émerge peu à peu des brumes. Un vent descendu des sommets de la Haute-Ariège le vivifie, soufflant un parfum de neige et de pierres. Bientôt, après des loopings dans la vallée de Vicdessos, il se réchauffera des senteurs melliflues de fleurs, des odeurs de mousse. Assise sur la dalle froide, Mathilde Sénéchal est hermétique à la magie du jour qui se lève. Un cauchemar l'a tirée du sommeil. Toujours le même. Elle, enfant, filant sur sa bicyclette, la gorge et le nez agressés par une puanteur mentholée, fuyant elle ne sait quoi ou qui. Et la chute, immuable dénouement de cette course effrénée, insensée. Une culbute vers l'abîme qui la laisse nauséeuse et remue des questions demeurées en suspens. Pourquoi cet accident de vélo survenu l'été de ses neuf ans continue-t-il de la hanter ? Son hypersensibilité olfactive et sa phobie de la menthe sont-elles consécutives au trauma crânien ainsi que le prétendent tous les spécialistes qui ont été impuissants à la guérir ? Et si ces symptômes étaient les séquelles d'un choc antérieur ? Un événement encodé dans une zone blanche de sa mémoire, dont ne subsisteraient que l'odeur et le flash d'une pièce d'étoffe soulevée par la brise.

De son enfance, Mathilde n'a conservé que des résurgences aléatoires et tronquées. Truquées, qui peut savoir ? La petite fille qu'elle a été demeure une énigme. Sur les photos de famille, elle apparaît insouciante et échevelée, comme prise sur le vif. Entre un pied de nez et une pirouette. Difficile de faire coïncider son visage mutin avec celui de la femme concentrée et austère qu'elle est devenue. Parfois, Mathilde a le sentiment d'avoir grandi hors sol. Elle est née à neuf ans. Quelques mois plus tôt, au terme d'une affaire sous haute tension, elle s'était juré de reconstituer le puzzle de son histoire. Un *cold case* vieux de trente ans, l'entreprise n'était pas de nature à rebuter le capitaine de police rigoureux et inflexible que ses collègues s'accordent à décrire. Rien ne s'est déroulé selon ses plans. La vie, comme à l'ordinaire, s'est chargée de jeter du sable dans les rouages. Pierre Orsalhièr, l'ex-flic qui s'était invité dans l'enquête, a fait irruption dans son existence et les va-et-vient de Mathilde entre Lille et Goulier se sont faits plus fréquents. Ce matin, elle ne saurait dire ce qu'il adviendra de sa relation avec ce quadragénaire sauvage, photographe et un peu guide de haute montagne, qui sillonne les massifs à la poursuite d'un ours dont il rêve de tirer le portrait.

En prenant du recul, elle a conscience que sa liaison lui a fourni l'échappatoire idéale pour différer son projet personnel. Le schéma est répétitif, Mathilde l'admet sans complaisance. Elle a toujours procédé de la sorte. Mais le coup de grâce a été le cancer de Lazaret, son chef de groupe. À six mois de la retraite… Lorsqu'il a enfin consenti à cracher le morceau, elle lui a martelé la poitrine comme pour expulser la saloperie qui ronge ses poumons. Albert n'a pas le droit de mourir, elle n'est pas prête. Le commandant Lazaret, vétéran respecté de la DIPJ, est son double et son rempart. L'amant d'une nuit, le premier à connaître ce qu'elle planque sous ses peaux. Le dernier peut-être…

Les mâchoires de Mathilde se contractent, l'intensité de son regard vacille. Orsalhièr et elle n'en sont pas là. Lorsqu'il l'attire sur le terrain de l'intime en lui confiant des anecdotes personnelles et qu'il la sonde à son tour sur ses parents, ses jeunes années, elle élude, se referme. Les questions sur son passé, même les plus anodines, déclenchent en elle une montée d'angoisse. Parfois, un mot ou une odeur suffisent à lui affoler le pouls. Si elle osait s'exposer, elle avouerait ignorer sur quoi ou contre quoi elle s'est construite. Les bons jours, Mathilde s'accommode de ces béances. Les mauvais, elle danse les yeux bandés, au bord du vide.

La jeune femme glisse les doigts dans ses cheveux ras et presse sa cicatrice pour en contenir la brûlure. Sous les coutures scarifiées, les pulsations redoublent. Son pouce écrase les boursouflures, son ongle s'enfonce plus profondément, tente d'expulser cette chose enkystée dont elle ignore tout, excepté la nature malfaisante. Le sang perle. Mathilde suce son doigt. Le goût de fer explose sur sa langue et lui donne le tournis. La rage qui la saisit est dirigée contre elle seule. La rechute était prévisible, sa punition est méritée.

Voilà ce qui arrive quand on baisse la garde.

Composition et mise en pages
Nord Compo à Villeneuve-d'Ascq

Imprimé en Espagne par
Liberdúplex
à Sant Llorenç d'Hortons (Barcelone)
en août 2019

S29305/01